Dirk Friedrich

FÁTIMA

Wunder und Wahrheit:
Die Entstehung eines Heiligtums

FÁTIMA

Bibliografische Information der Deutschen Nationalbibliothek:
Die Deutsche Nationalbibliothek verzeichnet diese Publikation in der Deutschen Nationalbibliografie; detaillierte bibliografische Daten sind im Internet über dnb.dnb.de abrufbar.

Dorfstr. 57a, 53125 Bonn
www.minifanal.de
Herstellung: BoD – Books on Demand, Norderstedt
ISBN 978-3-95421-175-3
Covergestaltung: minifanal

Dirk Friedrich ist Historiker, spezialisiert auf die Geschichte und Kultur Portugals. Seit vielen Jahren beschäftigt er sich intensiv mit der Historie des Landes und ihrem facettenreichen Nachhall in der Welt von heute. 2016 wurde er an der Julius-Maximilians-Universität Würzburg zum Doktor promoviert; er lebt und arbeitet in Portugal und Deutschland.

Weitere Veröffentlichungen, u.a.:

SALAZARS ESTADO NOVO.
VOM LEBEN UND ÜBERLEBEN EINES AUTORITÄREN REGIMES 1930-1974.

PORTUGAL UND DER ERSTE WELTKRIEG. EIN KLEINES LAND IM GROSSEN KRIEG.

Mehr zum Autor:
www.historissima.eu

Inhaltsverzeichnis

Fátima? 7

Die Erste Republik in Portugal 12

Das Leben in Fátima 1917 24

Himmlische Erscheinungen vor 1917 30

Die Ereignisse des Jahres 1917 36

- 13. Mai 36
- 13. Juni 38
- 13. Juli 40
- 13. August 45
- 13. September 53
- 13. Oktober 60

Von den Erscheinungen zum Heiligtum 87

- Politischer Umbruch 87
- Wunderheilungen 88
- Das Schicksal der drei Hirtenkinder 93
- Das Heiligtum entsteht 97
- Weitere Sonnenwunder? 105
- Die Kanonische Kommission 107

Fátima von den 1930er Jahren bis zur Jahrhundertwende 114

- Die Diktatur und Fátima 114
- Johannes Paul II. und Fátima 123

Fátima: Wunder und Wahrheit 126

Ein anderer Blick auf Fátima 148

- Eine islamische Lesart 148
- Spiritistische Ankündigungen 151

Chronik: Die Ereignisse von Fátima 153

Quellenverzeichnis 171

Literaturverzeichnis 173

Die drei Hirtenkinder von Fátima:
Lúcia dos Santos (10), Francisco Marto (9) und Jacinta Marto (7).
Das Foto wurde 1917 aufgenommen und u.a. in der Zeitung O Século (15. Oktober 1917) und in der Zeitschrift Ilustração Portuguesa (29. Oktober 1917) abgedruckt.

Fátima?

Am 13. Mai 1917 kamen die drei Hirtenkinder Lúcia dos Santos, Francisco Marto und Jacinta Marto vom Hüten ihrer kleinen Herde zurück und erzählten, ihnen sei eine Frau erschienen. Diese habe zu ihnen gesprochen und angekündigt, in den nächsten Monaten zurückzukommen. Niemand in ihrer Familie wollte ihnen so recht glauben. Die zehnjährige Lúcia, die älteste der drei Kinder, hatte doch schon einmal behauptet, Erscheinungen gehabt zu haben – eine weiße Gestalt oder gar ein Engel. Doch die Nachricht verbreitete sich schnell. Erst im Dorf Aljustrel, dann in der Gemeinde Fátima, bald im Landkreis und schließlich im ganzen Land. Schon im Juni versammelten sich einige Leute in der kargen Natur des Cova da Iria genannten Landstücks, dem Ort der angeblichen Erscheinung. Vier Monate später waren es dann mehrere zehntausend, die dort am 13. Oktober Zeugen des sogenannten „Sonnenwunders" wurden. Ein Kult war geboren und ein Heiligtum wurde errichtet. Heute kommen jährlich mehrere Millionen Pilger und Besucher aus der ganzen Welt nach Fátima in Portugal. Der zentrale Platz des Heiligtums ist größer als der Petersplatz in Rom, die 2007 eingeweihte zweite Basilika bietet über 8.500 Menschen Platz und ist eine der größten katholischen Kirchen der Welt.

Wie aber ist es dazu gekommen?

Um die Geschichte der Erscheinungen und der Kultstätte von Fátima zu erzählen und um der Frage auf den Grund zu gehen, wie aus diesem kleinen ländlichen Flecken eines der größten und wichtigsten katholischen Heiligtümer werden konnte, muss man zunächst die Situation jener Zeit, in die die Erscheinungen fielen, darlegen: In Aljustrel, dem Dorf der drei Kinder, wo eine ländliche und schlecht gebildete Bevölkerung der kargen Natur in täglicher mühsamer Arbeit ihren Lebensunterhalt abringen musste, in der Gemeinde Fátima, wo für viele der örtliche Pfarrer in einem Maße Orientierungspunkt und Autoritätsperson war, wie es heute nur noch selten oder gar nicht mehr vorkommt, in Portugal, wo 1910 die seit über 750 Jahren bestehende Monarchie gestürzt und eine Republik ausgerufen worden war, deren Politiker die katholische Kirche im Land entmachtet hatten, sie reglementierten und schikanierten, und in Europa und der Welt, wo seit 1914 der „Große Krieg" wütete, in den auch immer mehr Männer aus Portugal geschickt wurden.

Wenn sich der Blick dann anschließend auf die Erscheinungen von Fátima richtet, soll es nur nebenbei darum gehen, ob diese tatsächlich stattgefunden haben und falls ja, ob sie himmlischen Ursprungs waren. Dies lässt sich weder bestätigen noch widerlegen und bleibt schlicht eine Glaubensfrage, wenngleich es Fakten und Folgerungen gibt, die auch irdische Erklärungsansätze ermöglichen. Man wird jedoch sehen, dass diese Frage nach dem Ablauf und dem Wahrheitsgehalt der Erscheinungen für die Geschichte des Heiligtums von untergeordneter Bedeutung ist. Die Erzählungen sind voller Brüche und Widersprüche und die heutige Version der Ereignisse hat fast nichts mehr mit den ursprünglichen Berichten der drei Hirtenkinder gemein.

Irgendetwas aber ist in Fátima geschehen. Und das war mehr als nur eine oder auch mehrere Marienerscheinungen. Berichte über derartige Ereignisse an den verschiedensten Orten im In- und Ausland gab es schon vorher (und auch noch danach) zuhauf.[1] Aber im 20. Jahrhundert ist nur in Fátima ein Heiligtum von weltweiter Bekanntheit entstanden. Was also war dort anders?

Die Berichte über die Erscheinungen kamen zur richtigen Zeit und am richtigen Ort. Innerhalb der lokalen Bevölkerung fanden die Erzählungen

---

1 Vgl. in deutscher Sprache Monika Hauf: Marienerscheinungen. Hintergründe eines Phänomens, Düsseldorf 2006; Monique Scheer: Rosenkranz und Kriegsvisionen. Marienerscheinungskulte im 20. Jahrhundert, Tübingen 2006.
In diesem Buch geht es um die Rekonstruktion der Ereignisse in Fátima 1917, deren Wirkung und kirchliche Institutionalisierung. Vergleiche der Ereignisse mit anderen angeblichen Marienerscheinungen bieten sich an, sollen hier aber ebenso wenig vorgenommen werden wie eine explizite Einordnung in die langwierige Diskussion um das Verhältnis von Volksreligiosität und Kirche(n).

dankbare Zuhörer, die schnell ihre Hoffnung auf Besserung der als bedrohlich und ausweglos empfundenen Lage auf die Erscheinungen projizierten; gleichzeitig befanden sich einige für den Fortgang der Ereignisse zentrale religiöse Akteure ganz in der Nähe. Diese erkannten bald das Potenzial der Vorkommnisse, das sie für die Interessen der katholischen Kirche, besonders in ihrem Kampf um Selbstbehauptung gegen die feindlich gesinnte atheistische Republik zu nutzen wussten. Unter ihnen stach der Geistliche Manuel Nunes Formigão hervor, der es sich zur Aufgaben gemacht hatte, in Fátima ein „portugiesisches Lourdes“ zu errichten und dafür zielstrebig lenkte, beeinflusste und manipulierte. Neben der Bevölkerung, den kirchlichen Würdenträgern und der Politik spielte auch die Presse eine große Rolle. Nicht nur, weil sie die Ereignisse im ganzen Land bekannt machte, sondern viel mehr dadurch, dass in der Berichterstattung über Fátima die gesellschaftlichen und politischen Gegensätze ausgefochten wurden und das Thema somit emotional und ideologisch stark aufgeladen wurde.

So sehr eine Diskussion um Wahrheit oder Unwahrheit der angeblichen Erscheinungen von 1917 zu keinem abschließenden Ergebnis führen kann, so sehr lohnt es sich, sich Schritt für Schritt dem Phänomen zu nähern, die Ereignisse und Akteure zu betrachten und Zusammenhänge zu erschließen. Da sich besonders die Aussagen Lúcias im Laufe der Jahrzehnte stark veränderten – es wird gezeigt werden warum –, müssen die ersten, gleich in den auf die Erscheinungen folgenden Tagen gemachten Angaben der Kinder zu Grunde gelegt und von dieser Grundlage aus die weiteren Ereignisse betrachtet werden.[2]

Ein große Menge schriftlicher Quellen zur Geschichte von Fátima wurde vom Heiligtum selber zur Verfügung gestellt und durch eine wissenschaftliche Kommission der theologischen Fakultät der Universidade

---

2 Die Aussagen der Kinder und anderer Zeugen wurden hier so originalgetreu wie möglich übersetzt. Seltsame oder sperrige Formulierungen entsprechen daher dem Stil der ursprünglichen Äußerungen.

Católica Portuguesa zur Veröffentlichung vorbereitet. Das Ergebnis ist die fünfbändige »Kritische Dokumentation von Fátima«.[3] Es ist anzuerkennen und zu begrüßen, dass die Kirche diese zentralen Quellen verfügbar gemacht hat. Wenngleich die Objektivität bezüglich der Auswahl der den Wissenschaftlern ausgehändigten Unterlagen nicht garantiert ist, ist doch festzustellen, dass die veröffentlichten Dokumente auch solche Entwicklungen aufzeigen, von denen man meinen könnte, sie würden dem Ansehen des Heiligtums und der Hingabe der Gläubigen schaden können: Etwa Belege für die Diskrepanz zwischen den ursprünglichen Aussagen der drei Hirtenkinder und der heutigen offiziellen Version der Ereignisse oder für das Vorgehen kirchlicher Strippenzieher im Verborgenen und eine völlig unzureichende Untersuchung der angeblichen Erscheinungen.

Ebenso wie die Quellen zur Geschichte von Fátima nur auf portugiesisch zur Verfügung stehen[4], stammt auch der Großteil der Literatur zu dem Thema von portugiesischen Wissenschaftlern und Autoren und wurde kaum in andere Sprachen übersetzt. Von großer Bedeutung für die geschichtswissenschaftliche Betrachtung Fátimas ist die Arbeit des Historikers Luís Filipe Torgal, besonders seine Untersuchung »O sol bailou ao meio dia. A criação de Fátima«.[5] Einen guten Einblick gibt auch die Journalistin Patrícia Carvalho in ihrer faktenbasierten kritischen Darlegung »Fátima. Milagre ou construção?«.[6] Zahlreiche weitere portugiesische Abhandlungen, auch über theologische, sozialwissenschaftliche oder gar ar-

3 Documentação crítica de Fátima, Vol. I-V. Für die vorliegende Untersuchung sind die ersten beiden Bände von besonderer Wichtigkeit: Vol. I: Interogatório aos Videntes – 1917, Fátima 1992 und Vol. II: Processo Canónico Diocesano – 1922-1930, Fátima 1999. Eine Auswahl zentraler Dokumente der Zeit bis 1930 erschien 2013: Documentação Crítica de Fátima. Seleção de documentos (1917-1930), Fátima 2013. Diese Veröffentlichung steht auf der Internetseite des Heiligtums zum kostenlosen download zur Verfügung (www.fatima.pt/documentacao).

4 Sämtliche in diesem Buch wiedergegebene Zitate und Textstellen wurden, soweit nicht anders angegeben, vom Autor ins Deutsche übersetzt.

5 Luís Filipe Torgel: O sol bailou ao meio dia. A criação de Fátima, Lissabon [2]2017.

6 Patrícia Carvalho: Fátima. Milagre ou construção? Porto 2017.

chitektonische Aspekte präsentieren detaillierte Fakten, verschiedene Artikel in Zeitungen und Magazinen tragen ebenfalls unter wissenschaftlichen Gesichtspunkten zur Auseinandersetzung mit dem Thema bei.

Doch stärker als Fakten und wissenschaftliche Erkenntnisse waren und sind in Fátima seit jeher: Glaube und Hoffnung.

Die Erste Republik in Portugal

Die sechzehn Jahre der Ersten Republik in Portugal von 1910 bis 1926 waren ein kurzer, aber umso heftigerer Abschnitt in der Geschichte des Landes und der unruhige und ungewollte Übergang von einer Jahrhunderte währenden Monarchie zu einer Jahrzehnte dauernden Diktatur.

Dabei hatte es hoffnungsvoll begonnen. Am 5. Oktober 1910 war die seit der Gründung Portugals im 12. Jahrhundert bestehende Monarchie gestürzt und in Lissabon die Republik ausgerufen worden. Die neuen Machthaber hatten sogleich begonnen, das kleine und rückständige Land am Rande Europas zu reformieren und zu modernisieren. Zu ihren Errungenschaften gehörten eine moderne Familiengesetzgebung mit der Gleichstellung der Ehepartner, die Pressefreiheit, die Einführung gesetzlich geregelter Arbeitszeiten und des Streikrechts sowie die Förderung von Kultur, Bildung und Wissenschaft. Doch die „Primeira República“ blieb stets eine Republik der Elite. Nach den Wahlgesetzen von 1911 musste man zur Erlangung des Wahlrechts mindestens 21 Jahre alt sein und lesen und schreiben können oder Oberhaupt einer Familie sein. So waren anfangs ungefähr 850.000 Personen zur Stimmabgabe zugelassen.[7] 1913 wurde den Analphabeten unter den Familienhäuptern das Wahlrecht wieder entzogen, wodurch die Zahl der Wähler auf knapp 400.000 sank.[8] Eine wirkli-

7 Von diesen 850.000 Personen waren 696.171 tatsächlich als Wähler eingeschrieben, bei einer Gesamtbevölkerung von 5.960.056 und 3.344.150 Portugiesen über 20 Jahren. Vgl. Vieira 1910-1929, S. 216.
Das Wahlrecht stand zunächst nicht explizit nur den Männern zu, das Gesetz sprach einfach von „Bürgern“. Einer jungen Ärztin gelang es, sich als Wählerin registrieren zu lassen und 1911 an der Wahl zur konstituierenden Nationalversammlung teilzunehmen. Sie starb im selben Jahr und blieb die erste und einzige Frau, die in der Ersten Republik an einer Wahl teilnahm.

8 1911 waren 69,7% der Portugiesen über 7 Jahren Analphabeten (75,1% der Gesamtbevölkerung) und trotz der folgenden Reformen im Schul- und Bildungswesen änderte sich dies in den Jahren der Republik kaum. Das Bildungsniveau der gebildeten Portugiesen stieg, doch die Analphabetenquote blieb hoch: 66,2% der über 7jährigen 1920 (entspricht

che Demokratisierung des Landes fand dementsprechend nicht statt, das Wahlrecht blieb im Kern auf die gebildeten bürgerlichen Schichten der Städte, besonders Lissabons und Portos beschränkt, in denen hauptsächlich Anhänger des neuen politischen Systems und der fast an allen Regierungen beteiligten Demokratischen Partei (Partido Democrático) lebten. Der größte Teil der Portugiesen war unterdessen von der Teilnahme am demokratischen Entscheidungsprozess ausgegrenzt, etwa die industrielle Arbeiterschaft und die Landbevölkerung.

Eine der Errungenschaften der Republik war fraglos die Trennung von Staat und Kirchen. Bis zum Ende der Monarchie war der Katholizismus die in der Verfassung bestimmte Staatsreligion und der Einfluss der hohen kirchlichen Würdenträger auf die Politik enorm gewesen. Es musste daher im Sinne der Republik sein, derartige Verstrickungen zu durchtrennnen. Doch die von den Republikanern ergriffenen religionspolitischen Maßnahmen waren sowohl in ihrer Formulierung als auch in der Umsetzung zumeist zu heftig und beschnitten weit mehr als nur den politischen Einfluss des Klerus. Für die Republikaner stand die Kirche für die Dekadenz der portugiesischen Monarchie, für die Rückständigkeit der Gesellschaft und des ganzen Landes im Vergleich zu anderen Nationen und für die Apathie weiter Teile der Bevölkerung, die schicksalsergeben und in der Hoffnung auf göttliche Gnade ihr Dasein fristeten. Zudem galt die konservative und monarchiefreundliche Kirche als Hort des Reaktionismus und somit als Bedrohung für die junge Republik. Dies provozierte eine besonders in den ersten Jahren teils verbittert geführte Auseinandersetzung zwischen Staat und Kirche und führte nicht zuletzt dazu, dass viele Gläubige, auch solche, die der Republik offen oder zumindest gleichgültig gegenüberstanden, sich von den neuen Machthabern distanzierten.

70,9% der Gesamtbevölkerung) und 61,9% 1930 (67,8% der Gesamtbevölkerung). Vgl. Vieira 1910-1920, S. 216 und 1920-1930, S. 214.
Zur quantitativen Entwicklung der Wählerschaft siehe Marques: Geschichte Portugals, S. 522/523.

Federführend bei der Religionsgesetzgebung war das Justizministerium unter Afonso Costa, dem späteren Premierminister und einflussreichsten Politiker der ersten Jahre der Primeira República. Gleich am 8. Oktober 1910 wurden die Dekrete zur Ausweisung der Jesuiten von 1759 und zur Auflösung der religiösen Orden in Portugal von 1834 wieder in Kraft gesetzt.[9] Besonders die Jesuiten verfügten über großen Einfluss und spielten eine zentrale Rolle im Schulwesen des Landes. 1910 unterhielten sie zwei Oberschulen (*Colégios*) und zahlreiche weitere Schulen in Portugal. Am 18. Oktober wurden religiöse Eide abgeschafft[10], am 22. Oktober der Religionsunterricht an öffentlichen Schulen verboten[11], am Folgetag die Auflösung der Theologischen Fakultät der Universität von Coimbra – damals die einzige portugiesische Universität – eingeleitet[12]. Am 26. Oktober wurden alle kirchlichen Feiertage mit Ausnahme der Sonntage abgeschafft.[13] Am 3. November wurde das Recht auf Scheidung für Mann und Frau festgeschrieben[14] und die neuen Familiengesetze vom 25. Dezember führten in Portugal die Zivilehe ein, setzten gleiche Rechte für Mann und Frau innerhalb der Ehe fest und sicherten unehelichen Kindern und ihren Müttern weitgehende Rechte zu[15]. Am 18. Februar 1911 wurde zudem die zivile standesamtliche Meldung von Geburten, Hochzeiten und Todesfällen eingeführt, die bis dahin unter kirchlicher Verwaltung in den jeweiligen Gemeinden gestanden hatte.[16]

---

9 Bekanntgabe im Diário do Governo (DG) n.° 4, 10. Oktober 1910, S. 1.
Beide Dekrete waren 1901 aufgehoben worden, als sowohl die Jesuiten als auch andere Orden schon lange wieder in Portugal aktiv waren.

10 DG n.° 12, 19. Oktober 1910, S. 1.

11 DG n.° 16, 24. Oktober 1910, S. 1.

12 DG n.° 16, 24. Oktober 1910, S. 2. Die Immatrikulierungen des ersten Studienjahres wurden annulliert, die anderen Jahrgänge durften zu Ende studieren.

13 DG n.° 19, 27. Oktober 1910, S. 1.
Der Weihnachtstag (25. Dezember) war bereits am 12. Oktober zum Tag der Familie ernannt worden. DG n.° 7, 13. Oktober 1910, S. 1.

14 DG n.° 26, 4. November 1910, S. 2-4.

15 DG n.° 70, 27. Dezember 1910, S. 1-4.

16 DG n.° 41, 20. Februar 1911, S. 1-13.

Doch der große Schlag gegen die Kirche wurde am 20. April 1911 mit dem Gesetz zur Trennung von Staat und Kirchen (*Lei da Separação do Estado das Igrejas*) geführt.[17] Mit der Verabschiedung des Gesetzes trat Afonso Costa in den offenen Konflikt mit der Kirche, er erklärte:

> „Das Volk ist wunderbar vorbereitet, um dieses Gesetz zu empfangen; und die Maßnahmen werden derart begrüßt werden, dass Portugal in zwei Generationen den Katholizismus, die größte Ursache des Elends, in das das Land gefallen ist, gänzlich beseitigt haben wird. Wisse wenigstens zu sterben, wer zu leben nicht wusste!"[18]

Das *Lei da Separação* verfügte Religionsfreiheit in Portugal (Art. 1) und dass die römisch-katholische Religion nicht länger Staatsreligion ist (Art. 2). Religiöse Zeremonien wurden stark reglementiert, der öffentliche Kult wurde auf Kirchen und Kapellen und auf die Zeit zwischen Sonnenauf- und -untergang beschränkt (Art. 43). Außerhalb dieser Orte und Zeiten waren religiöse Zeremonien verboten, was auch religiöse Beerdigungen betraf, für die eine vorherige Genehmigung eingeholt werden musste (Art. 55 und 58). Gleiches galt für Prozessionen, mit Ausnahme solcher, die fest im lokalen Brauchtum eines Ortes verwurzelt waren (Art. 57). Ebenfalls war es nun verboten, religiöse Zeichen, Symbole und ähnliches an Gebäuden außer Kirchen und Kapellen anzubringen (Art. 60). Der Einfluss der Kirche auf den Unterricht an privaten und öffentlichen Schulen wurde unterbunden und der Religionsunterricht staatlicher Kontrolle unterstellt (Art. 37). Die Zahl der katholischen Seminare wurde auf fünf beschränkt, nur die Einrichtungen in Braga, Porto, Coimbra, Lissabon (S. Vicente) und Évora durften bestehen bleiben (Art. 102).

17 DG n.º 92, 21. April 1911, S. 1-6.
Vgl. dazu auch Vitor Neto: Lei da Separação do Estado das Igrejas, in Maria Fernanda Rollo (Coordenação Geral): Dicionário de História da I República e do Republicanismo, Vol. II, Lissabon 2014, S. 630-639.

18 Carvalho: Fátima, S. 18.

Der gesamte Besitz der Kirche inklusive sämtlicher Gebäude und deren Ausstattung wurde verstaatlicht (Art. 62), die Kirchen, Kapellen und Wohnungen der Geistlichen wurden der Kirche vom Staat dann kostenfrei zur Verfügung gestellt (Art. 89). Die staatlichen Ausgaben für Religion und Kirche wurden gänzlich gestrichen (Art. 4), Geistliche durften aber nun eine staatliche Pension beantragen (Art. 113 und 114)[19]. Die Veröffentlichung und Verlesung päpstlicher Schriften oder solcher anderer religiöser Würdenträger ohne vorherige staatliche Genehmigung wurde unter Strafe gestellt (Art. 181). Priestern, die die Republik oder ihre Gesetze in ihren Predigten oder in anderer Form kritisierten, drohte ebenfalls strafrechtliche Verfolgung (Art 48). Gottesdienste konnten fortan von Regierungsvertretern überwacht werden (Art. 46). Pfarrer durften nicht zu Mitgliedern der Gemeindeverwaltung gewählt werden (Art. 26) und es war verboten, politische Versammlungen in religiösen Stätten abzuhalten (Art. 50). Obwohl das Gesetz Verfolgungen aus religiösen Gründen ausdrücklich verbot (Art. 3), kam es in den folgenden Jahren immer wieder zu gewaltsamen Übergriffen auf Geistliche. Kirchen und Kapellen wurden verwüstet, jesuitische Pfarrer teils öffentlichkeitswirksam verhaftet. Dies waren zumeist die Taten militanter Kräfte der Republikaner und als solche keineswegs Einzelfälle, doch der größte Teil der Bevölkerung, und darunter auch Anhänger und Sympathisanten des neuen politischen Systems, lehnten diese drastische Form des Gesetzes und der Bekämpfung der Kirche ab.

Ihre größte Anhängerschaft hatte die Republik unter der Stadtbevölkerung, besonders in der Hauptstadt Lissabon.[20] Unter weiten Teilen der

---

19 Der Artikel 152 schrieb im Falle des Todes des Pfarrers auch, falls vorhanden, seiner Witwe und seinen ehelichen und unehelichen minderjährigen Kindern das Recht auf einen Teil dieser staatlichen Pension zu. Diese Regelung war modern, musste von der Kirche aber als klare Provokation aufgefasst werden, da der Artikel den Bruch des Zölibats akzeptierte.

20 1911 machte die Stadtbevölkerung 16,6% der Gesamtbevölkerung aus, bis 1920 stieg der Anteil leicht auf 17,4%. Lissabon hatte 1911 465.705 Einwohner und neun Jahre später 486.372. In Porto lebten 1911 199.582 Menschen und 1920 203.091. Vgl. Vieira 1910-1920,

Landbevölkerung hingegen stießen sie und die neue politische Ordnung schlicht auf wenig Interesse. Geprägt von Analphabetismus und harter Arbeit und weitgehend vom politischen Prozess ausgegrenzt, hatte sich das Leben dieser Leute durch den Sturz der Monarchie und die Ausrufung der Republik nicht spürbar geändert und sie erwarteten dies auch nicht für die Zukunft. Die Landbevölkerung sprang daher zwar nicht unbedingt der Kirche zu ihrer Verteidigung gegen die republikanischen Übergriffe zur Seite, ließ aber auch nicht von ihrer starken Gottgläubigkeit und ihrem großen Respekt für den örtlichen Pfarrer als lokale Instanz ab.

Unter den hohen kirchlichen Würdenträger provozierte die Religionspolitik der republikanischen Regierung schon vor der Verkündung des Gesetzes zur Trennung von Staat und Kirchen und seiner teils rigorosen Umsetzung heftige Kritik. Im November 1910 trafen sich die portugiesischen Bischöfe in Lissabon und verfassten einen Hirtenbrief.[21] Von allen Teilnehmern unterzeichnet, datierte das Dokument schließlich auf den 24. Dezember 1910 und sollte am 26. Februar 1911 in den Sonntagsgottesdiensten im ganzen Land verlesen werden. In dem Schreiben kritisierten die Bischöfe die republikanische Politik scharf, verurteilten sie als antikatholisch und unsozial, unpatriotisch und antinational. Auch ist dort von „Hass", „politischer Gewalt" und „Unterdrückung" die Rede.[22] Doch zur Verlesung des Hirtenbriefs war eine staatliche Genehmigung erforderlich, die das Justizministerium den Bischöfen verweigerte. Die meisten Bischöfe empfahlen daraufhin den Pfarrern ihrer Diözesen, die Veröffentli-

---

S. 216.

21 Das Schreiben trug den Titel *Pastoral Collectiva do episcopado português ao clero e fiéis de Portugal* (Gemeinsamer Hirtenbrief des portugiesischen Episkopats an den Klerus und die Gläubigen Portugals).
Vgl. zum Hirtenbrief und seinen Folgen Neto: A questão religiosa na Primeira República portuguesa, in Angela de Castro Gomes/Aldo Mourão (Coordenação): A experiência da Primeira República no Brasil e em Portugal, Rio de Janeiro 2014, S. 145-148; José Adílio Barbosa Macedo: D. António Barroso, Afonso Costa e a pastoral colectiva, in Lusitania Sacra 6/1994, S. 327-353, hier S. 336-345.

22 Vgl. Neto: Questão religiosa, S. 145-147.

chung bis auf Weiteres zu verschieben. Nur der Bischof von Porto ignorierte das Verbot der Regierung und wies seine Pfarrer an, den Hirtenbrief trotzdem zu verlesen. Er wurde daraufhin aus seiner Diözese verbannt. Im März 1911 erklärte Papst Pius X. seine Zustimmung zum Hirtenbrief, woraufhin die portugiesischen Bischöfe die Pfarrer ihrer Diözesen dazu aufforderten, auf die Beantragung der staatlichen Pensionen, wie sie die Artikel 113 und 114 des Lei da Separação vorsahen, zu verzichten und gegen die republikanische Bestandsaufnahme der verstaatlichten Kirchen und Kapellen mitsamt ihres Inventars zu protestieren.[23] Der Bischof von Guarda forderte die Gläubigen seiner Diözese gar zum Widerstand gegen das Gesetz zur Trennung von Staat und Kirchen auf. Auch er wurde verbannt, ebenso wie im folgenden Jahr sämtliche andere Bischöfe des Landes.

Im Mai 1911 meldete sich Papst Pius X. mit einer Enzyklika zum Thema ebenso ausführlich wie deutlich zu Wort. In dem Schreiben mit dem Titel „Iamdudum in Lusitania“ nannte er die Religionspolitik der portugiesischen Republik eine „unglaubliche Reihe von Exzessen und Verbrechen zur Unterdrückung der Kirche (Absatz 1), sprach von „zahlreichen und schrecklichen Beispielen des Machtmissbrauchs“ und bezeichnete das Gesetz zur Trennung von Staat und Kirchen als ein „bösartiges und verderbliches Dekret“ (Absatz 2). „Enteignung und Unterdrückung“ der Kirche führten zu ihrer „Knechtschaft gegenüber dem Staat“ (Absatz 3). In den weiteren Absätzen wurden die aus päpstlicher Sicht am schärfsten zu kritisierenden Maßnahmen des Gesetzes besprochen. Und aus diesen Gründen, erklärte Pius X. dann, „kündigen, verurteilen und verwerfen Wir durch Unsere Apostolische Autorität das Gesetz zur Trennung von Staat und Kirchen“ (Absatz 9). Es folgte der Aufruf an die portugiesischen Geistlichen, sich auch weiterhin den neuen Bestimmungen zu widersetzen (Absatz 10).

23 Tatsächlich haben insgesamt lediglich 800 Pfarrer im ganzen Land die staatliche Pension beantragt.

An der Wucht der republikanischen Religionsgesetzgebung und der Heftigkeit der Reaktion der portugiesischen Bischöfe und des Papstes lässt sich die Schärfe der Auseinandersetzung zwischen Republik und katholischer Kirche ablesen. Zum 1. Juli 1911 wurden die diplomatischen Beziehungen zwischen Portugal und dem Vatikan eingestellt. Zwar entspannte sich die Situation ab 1914 leicht[24], doch die Spaltung blieb bestehen.

◆

Als 1914 der Erste Weltkrieg ausbrach, forcierte die Demokratische Partei die Kriegsteilnahme Portugals und konnte sich damit langfristig gegen die teils gegensätzlichen Meinungen der anderen Parteien durchsetzen. Portugiesische Soldaten sollten Seite an Seite mit den alliierten Truppen an der europäischen Front kämpfen. Die Regierung hoffte, auf diese Weise die gespaltene und noch immer misstrauische Bevölkerung hinter der gemeinsamen Sache des Vaterlandes und damit auch hinter der Ersten Republik vereinen und international deren Ansehen stärken zu können. Ein Platz unter den Siegermächten sollte zudem dabei helfen, den Kolonialbesitz zu sichern.[25]

In seinen afrikanischen Kolonien befand sich Portugal nämlich, wenn auch inoffiziell, bereits seit dem August 1914 im Krieg mit Deutschland: Das portugiesische Angola grenzte im Süden an Deutsch-Südwestafrika. Und ehe die dort stationierten deutschen Truppen im Juli 1915 die Waffen strecken und sich Verbänden der Südafrikanischen Union ergeben mussten, war es zu einigen gewaltsamen Zwischenfällen zwischen deutschen und portugiesischen Verbänden gekommen. Ähnlich war die Lage in Mosambik, das im Norden an Deutsch-Ostafrika grenzte. Dort wurden die

24 Unter der Regierung Bernardino Machado (Februar bis Dezember 1914) durften die Bischöfe in ihre Diözesen zurückkehren, später wurden vorsichtige Kontakte zum Vatikan aufgenommen und katholische Kapläne wurden zur seelsorgerischen Betreuung portugiesischer Soldaten während des Ersten Weltkriegs zugelassen.

25 Zur Teilnahme Portugals am Ersten Weltkrieg siehe Dirk Friedrich: Portugal und der Erste Weltkrieg. Ein kleines Land im Großen Krieg, Bonn 2017.

portugiesischen Kolonialtruppen während der gesamten Kriegsdauer immer wieder in Gefechte mit deutschen Verbänden verwickelt. Doch die größten Verluste fügte den Portugiesen ihre eigene mangelhafte Organisation zu. Die Soldaten waren schlecht ausgebildet und wurden miserabel versorgt. Ein großer Teil der nach Mosambik verlegten Kontingente erkrankte innerhalb weniger Wochen nach seiner Ankunft.

Als die englische Führung Lissabon Anfang 1916 bat, deutsche Schiffe zu beschlagnahmen, die in den Häfen der portugiesischen Territorien vor Anker lagen, nutze die Regierung die sich bietende Gelegenheit. Portugal erfüllte dem traditionellen Verbündeten den Wunsch, woraufhin das Deutsche Reich dem Land im März 1916 den Krieg erklärte. In Lissabon ging man sogleich daran, den Einsatz des portugiesischen Militärs vorzubereiten. Doch die Armee war zu dieser Zeit in keinster Weise in der Lage, auf den europäischen Schlachtfeldern an den Kampfhandlungen teilzunehmen. Eine große Menge Soldaten und Material war bereits in den portugiesischen Kolonien in Afrika im Einsatz, das Militär befand sich zudem in einem Prozess der Neustrukturierung. Die Ausrüstung war zum großen Teil veraltet und die Ausbildung nicht auf Einsätze im europäischen Grabenkrieg ausgerichtet. Auch waren Moral und Regierungstreue vieler Militärs zweifelhaft. Um den Kriegseinsatz dennoch zu ermöglichen, ließ die portugiesische Regierung ab April 1916 um die 20.000 Mann im mittelportugiesischen Tancos zusammenziehen, wo sie auf den Einsatz an der Westfront vorbereitet werden sollten. Wiederholt kam es zu Unruhen und Befehlsverweigerung. Dennoch konnte das portugiesische Expeditionskorps („Corpo Expedicionário Português“, CEP) ab Ende Januar 1917 nach Flandern verlegt werden, wo es schließlich im November einen zwölf Kilometer breiten Frontabschnitt zugeteilt bekam. Schon Anfang Januar war die bereits vierte Militärexpedition nach Mosambik entsandt worden.

War der militärische Einsatz portugiesischer Soldaten zur Verteidigung der Kolonien unter der Bevölkerung weitgehend akzeptiert, stieß die Entsendung der Truppen nach Flandern auf wenig Verständnis. Der Bevölkerung war nicht ersichtlich, was Portugal mit diesem Konflikt zu tun hatte und warum die jungen Männer so zahlreich an die weit entfernte Front mussten, was sich in dem schwach besiedelten und zumeist rural geprägten Land sogleich bemerkbar machte. Bald machten Berichte und Gerüchte von der Front die Runde und trugen ihren Teil dazu bei, dass sich das Unverständnis über die Kriegsteilnahme und die Hilflosigkeit und Sorge all derer, die Freunde oder Verwandte unter den Soldaten hatten, immer stärker in Wut und Verzweiflung verwandelten.

Gleichzeitig verschlechterte sich in Folge des Weltkriegs die wirtschaftliche Lage. Schon 1915 hatten steigende Lebensmittelpreise und Hunger an vielen Orten im Land zu Unruhen und Überfällen geführt. Zwischen 1916 und 1917 stieg der Brotpreis um 65 Prozent.[26] Zwischen dem 19. und 23. Mai 1917 tobten in Lissabon und Porto Streiks, Aufstände und Überfälle und verursachten zahlreiche Todesopfer. Über die Hauptstadt und ihre Umgebung wurde der Ausnahmezustand verhängt, dennoch kam es im Laufe der folgenden Monaten immer wieder zu derartigen Vorfällen. Die Unruhen schwappten bald von den Städten in die ländlichen Gebiete; überall begegnete die Regierung ihnen mit gewaltsamer Unterdrückung.

Der „Grosse Krieg“ in den Medien

Viele nationale und internationale Zeitungen und Zeitschriften berichteten wort- und bildstark über den Krieg. Artikel über den Kontinent durchfurchende Fronten und Berichte über Schlachten mit tausenden Soldaten und turmhohen Geschützen hinterließen bei den Lesern Eindruck und vor allem ein ungutes Gefühl.

Als Beispiel kann die »Ilustração Portuguesa« dienen: Das 1903 gegründete Wochenmagazin der Zeitung »O Século« legte seit ihrer ersten Ausgabe viel Wert auf Illustrationen, was nicht zuletzt angesichts der hohen Anal-

26 Vgl. Douglas L. Wheeler: História Política de Portugal 1910-1926, Mem Martins 1978, ²2010, S. 163.

phabetenquote im Land eine erfolgreiche Strategie war. In großen Bildern brachte sie ihrem Publikum bald auch Eindrücke aus dem Krieg: Großkalibrige Geschütze, Munitionsfabriken und die dort gefertigten Bomben, zerstörte Häuser in Frankreich, von deutschen Torpedos getroffene untergehende Schiffe, Fotos aus dem Schützengraben und von deutschen Kriegsgefangenen. Die Bilder und die dazugehörigen Artikel mögen die – von der Zensur gewünschte – Absicht gehabt haben, die moralische und militärische Überlegenheit der alliierten Truppen gegenüber dem deutschen Feind zu zeigen, bildeten aber eben auch die Gefahren und Schrecken des Krieges in beeindruckender Deutlichkeit ab.
Anfang April 1918 berichtete die Redaktion der »Ilustração Portuguesa« in eigener Sache, dass seit der Entsendung der portugiesischen Truppen in den (europäischen) Krieg die Auflage von 19.000 auf 25.800 gestiegen und nur wegen Papiermangel nicht noch höher sei. Die Zahl der Leser bzw. Betrachter des Blattes lag dabei sicher bedeutend höher, da eine Ausgabe in der Familie, dem Bekanntenkreis oder gleich dem ganzen Dorf die Runde machen konnte. Und wer sie nicht selber in der Hand gehabt hatte, bekam das Neueste aus Mode, Gesellschaft und eben dem Krieg aus Gesprächen und Erzählungen mit. Auf zwölf der dreizehn Ausgaben zwischen dem 12. Februar und dem 7. Mai waren Fotos aufbrechender Soldaten auf dem Cover. Der Titel der Ausgabe vom 14. Mai zeigte ein Porträtfoto des ersten in Flandern gefallenen portugiesischen Soldaten.

◆◆◆

Das Jahr 1917 wurde zum Wendepunkt der Geschichte der Ersten Republik in Portugal und leitete deren Niedergang ein. Die gesellschaftliche Spaltung vertiefte sich, die sowieso schon schwache finanzielle und wirtschaftliche Lage verschlechterte sich und geriet in eine unaufhaltsame Abwärtsspirale und auch mit der mehr schlecht als recht gewahrten politischen Stabilität der ersten Jahre war es nun vorbei. In den folgenden Jah-

ren von 1918 bis zum Sturz der Republik im Mai 1926 wurde das Land von achtundzwanzig verschiedenen Regierungschefs geführt. Attentate, Aufstände und Staatsstreichversuche gehörten zum politischen Alltag.
Zwei Ereignisse und ihre Folgen prägten dieses Wendejahr 1917: Die Entsendung portugiesischer Verbände nach Flandern und der Bericht dreier Hirtenkinder über die Erscheinung einer weiß gekleideten Frau in der Nähe von Fátima, im Landkreis Vila Nova de Ourém.

Das Leben in Fátima 1917

Der Landkreis Vila Nova de Ourém im Distrikt Santarém hatte 1911 29.586 Einwohner, Fátima, eine seiner neun Gemeinden, 2.371 Einwohner in 514 Häusern.[27] Die gleichnamige Ortschaft Fátima, der Hauptort der Gemeinde, bestand aus 46 Häusern und hatte 179 Einwohner, eine Kirche und eine Dorfschule.[28] Die knapp 130 Kilometer bis zur Hauptstadt Lissabon stellten eine Tagesreise dar, nur eine einzige Straße führte durch den Landkreis[29]. Der Rest des vorhandenen Wegenetzes bestand aus Feldwegen und Trampelpfaden. Das Örtchen Aljustrel, ein Kilometer westlich von Fátima, lag abseits der Straße und hatte 123 Einwohnern und 26 Häuser. Hier lebten Lúcia de Jesus Santos und Francisco und Jacinta Marto. Lúcia war am 22. März 1907 in Aljustrel als jüngstes von sieben Kindern der Eheleute António dos Santos und Maria Rosa geboren worden. Ihre Eltern waren wie beinahe alle Bewohner der Gegend Land- und Viehwirte, die in recht bescheidenen Verhältnissen hauptsächlich vom Ertrag ihrer Felder, Weiden und Herden lebten.[30] Lúcias Cousine und Cousin, Jacinta und Francisco Marto, waren ebenfalls in Aljustrel zur Welt gekommen, Francisco am 11. Juni 1908, seine Schwester Jacinta am 11. März 1910. Ihre Eltern waren Manuel Pedro Marto und Olímpia de Jesus, die Schwester von Lúcias Vater.

---

27 Portugal – Minstério das Finanças (Hg.): Censo da População de Portugal no 1.° de Dezembro de 1911, Parte I, Lissabon 1913, S. 18, 196, 323.
Im Landkreis Vila Nova de Ourém gab es 6761 Häuser bzw. Familien, davon 2983 mit fünf oder mehr Personen.

28 Vgl. zum Folgenden auch Cláudia Lobo: Momento zero, in Visão História N.°39: Fátima. A construção do fenómeno, 2017, S. 25; Carvalho: Fátima, S. 20-26; Torgal: Sol, S. 59-61.

29 Die in Makadam verlegte Königliche Straße Nr. 15 (Estrada Real n.°15).

30 Während 83,4% der portugiesischen Gesamtbevölkerung auf dem Land lebten, waren es in den Distrikten von Leiria und Santarém rund 95 Prozent. Vgl. Luís Miguel Ribeiro Ferraz: As Aparições de Fátima e o seu impacto local (1917-1927). Leitura histórico-teológica a partir do semanário O Mensageiro, Dissertation Lissabon 2012, S. 31.

Der Alltag in dieser ländlich-isolierten Region Mittelportugals war hart und die ganze Familie beteiligte sich an der täglichen Arbeit. Die Frauen und Mädchen kümmerten sich um die Ställe und den Haushalt und erledigten Handarbeiten. Die Männer und Jungen arbeiteten auf den Feldern. Dem kalkhaltigen, felsigen und trockenen Boden der Gebirgsregion der Serra de Aire wurden mit großer Mühe bescheidene Erträge von Getreide, Mais und Kartoffeln abgerungen. Zudem wurden Oliven, Feigen, Kürbisse und Bohnen angebaut. Neben der Landwirtschaft betrieben die meisten Bauern eine bescheidene Viehwirtschaft, hauptsächlich Ziegen und Schafe, die als einzige Weidetiere anspruchslos genug waren, um sich mit den spärlichen Sträuchern und Gräsern der bergigen Gegend zufriedenzugeben. Das Hüten der Herden war Aufgabe der Kinder ab sieben Jahren, bevor sie mit zwölf Jahren mit den Erwachsenen arbeiten mussten. Die Schule besuchte kaum jemand.[31] So gingen auch Lúcia, Francisco und Jacinta regelmäßig bei Tagesanbruch aus dem Haus, um die Tiere zum Weiden zu bringen. Lúcias Eltern besaßen ein kleines Stück dürres Land, etwa zwei Kilometer von Aljustrel entfernt, dass die Hirtenkinder häufig mit ihren Herden aufsuchten. Die Cova (dt. Mulde) da Iria, so wurde das Stück Land genannt, war ebenfalls nur über Feldwege und Trampelpfade zu erreichen, lag aber nahe der Hauptstraße. Seinen Namen hatte das Gelände wegen einer vom Regen geformten Mulde erhalten, die gemeinsam mit einer Steineiche sein Aussehen prägte.[32]

Die Bewohner des Kreises Fátima, der seit der Auflösung der Diözese Leiria 1882 zum Lissabonner Bistum gehörte, waren sehr religiös.[33] Das be-

31 Im letzten Jahrzehnt der Monarchie hatten lediglich acht Kinder, alles Jungen, die Schule von Fátima besucht. Ähnlich war es im Rest des Landkreises, so dass die Analphabetenquote in Ourém bei 84% lag. Für die Gemeinde Fátima verzeichnete der Zensus von 1920 gar 88% Analphabeten unter den 2.536 Einwohnern.

32 „Ein Brocken ohne Horizont", „schrecklich hässlich", so beschrieb der Geistliche José Ferreira de Lacerda im November 1917 in der von ihm herausgegebenen Wochenzeitung »O Mensageiro« die Cova da Iria.

33 Zu Lebensbedingungen und Religiosität im ländlichen Portugal siehe José Madureira Pinto: Religiosidade, conservadorismo e apatia política do campesinato em Portugal, in

scheidene, von harter Arbeit bestimmte Leben abseits der Zentren der Zivilisation und das Wissen, der Natur und ihren Launen ausgeliefert zu sein, ließen die meisten Menschen dort demutsvoll Schutz und Trost bei Gott suchen. Man ging regelmäßig in die Kirche[34], hörte auf den Pfarrer, der als Respektsperson und moralische Instanz Orientierung bot, betete mehrmals täglich und opferte noch etwas seines wenigen und hart erarbeiteten Geldes für sein Seelenheil[35].

Einer der Höhepunkte des Jahres war das im Juli stattfindende Fest zu Ehren der Lieben Frau von Ortiga (Nossa Senhora de Ortiga). Es heißt, 1758 sei dort, circa fünf Kilometer von Fátima entfernt, einem stummen Hirtenmädchen eine Frau erschienen und habe sie um ein Schaf aus ihrer Herde gebeten. Das Mädchen habe erwidert, sie müsse erst ihren Vater um Erlaubnis fragen und als sie dies tat, sei dieser so überrascht und glücklich darüber gewesen, dass seine Tochter plötzlich sprechen konnte, dass er gesagt habe, sie solle alles tun, was die Frau wünsche. Diese soll daraufhin dem Mädchen gesagt haben, man solle ihr eine Kapelle bei den Brennnesseln[36] bauen, wo sie erschienen war, und versprochen haben, dort Gutes zu tun. In der daraufhin dort errichteten Kapelle wird die Jungfrau von Ortiga bis heute verehrt.

In Lúcias Familie war das Leben jenseits solcher Feiertage mühsam und bescheiden. Der Vater, der in der Gegend von allen *Abóbora* (Kürbis) ge-

---

Análise Social 70/1982, S. 107-136.

34 In der Befragung durch den Pfarrer Lacerda am 19. Oktober 1917 gab Lúcia an, jeden Sonntag und gelegentlich auch während der Woche die Messe zu besuchen und oft den Rosenkranz zu beten. DCFS, Doc. 15.

35 Seit der Zeit der Reconquista und der Kreuzzüge versprach die Kreuzzugbulle (Bula da Cruzada) denjenigen Gläubigen Ablass, die mit ihrem Besitz die Verbreitung des Christentums unterstützten. Im Landkreis Vila Nova de Ourém zahlte 1910 zu diesem Zweck jeder Einwohner im Durchschnitt 24,46 Réis, in der Gemeinde Fátima waren es gar 30,43 Réis, was den fast höchsten Wert im ganzen Land darstellte. Zum Vergleich: In Lissabon wurden im Durchschnitt 4,83 Réis gezahlt.
Vgl. Maria Lúcia Brito Moura: A „Guerra Religiosa" na I República, Lissabon 2010, S. 322, 380; Carvalho: Fátima, S. 21/22.

36 Brennnessel, portugiesisch *urtiga.* Daher der Name Nossa Senhora da Ortiga.

nannt wurde und von dem es heißt, er sei selten in die Kirche gegangen, war trunksüchtig und die Erträge aus Land- und Viehwirtschaft mussten neun Personen ernähren[37]. Für die religiöse Erbauung Lúcias und ihrer sechs älteren Geschwister sorgte zu Hause die Mutter Maria Rosa, eine der wenigen Frauen der Gemeinde, die rudimentär lesen konnten[38]. So begann der Tag gleich nach dem Aufstehen mit dem ersten von zahlreichen Gebeten und endete mit dem Vorlesen aus der Bibel, aus den Lebensgeschichten der Heiligen oder aus anderen religiösen Büchern. Das im 19. und frühen 20. Jahrhundert am weitesten verbreitete portugiesischsprachige religiöse Buch war »Missão Abreviada«. Dieses Werk aus der Feder des Geistlichen Manoel Couto heißt mit vollem Titel „Kurze Mission, um die Fahrlässigen aufzuwecken, die Sünder zu bekehren und die Frucht der Mission zu unterstützen". Gleich auf der Titelseite findet sich der ergänzende Hinweis: „Dieses Buch ist bestimmt, um zu beten und das Volk zu unterweisen, besonders das Dorfvolk. Höchst nützliches Werk für Pfarrer, Kapläne, für jeden Priester, der Seelen retten möchte und endlich für jede Person, die öffentlich Gebet hält".[39] Zwischen 1859 und 1904 ist das Werk in 16 Auflagen mit insgesamt um die 140.000 gedruckten Exemplaren erschienen. Es enthält verschiedene Texte, Geschichten und Erklärungen zur religiösen Besinnung und Anleitung. Seit der zweiten Auflage

37 Lúcia hatte sechs Geschwister: Maria dos Anjos (dos Anjos – von den Engeln), Teresa de Jesus, Manuel, Glória de Jesus, Carolina de Jesus und, nach der Mutter benannt, Maria Rosa.
Die den Kindern gegebenen Namen lassen die das Leben bestimmende Religiosität erahnen, wenngleich es möglich ist, dass es nicht die Eltern, sondern die Taufpaten waren, die die Namen der Neugeborenen auswählten.

38 Laut Zensus von 1920 konnten in der Gemeinde Fátima 91 von 1179 Frauen lesen. Vgl. Carvalho: Fátima, S. 21 mit Verweis auf C. Barthas: Fátima (Segundo as Testemunhas e os Documentos), Lissabon 1967, S. 13.

39 Manoel José Gonçalves Couto: Missão Abreviada para despertar os descuidados, converter os peccadores e sustentar o fructo das missões. É destinado este livro para fazer orações, e instrucções ao povo, particularmente povo d'aldeia. Obra utilíssima para os parochos, para os capellães, para qualquer sacerdote que deseja salvar almas e finalmente para qualquer pessoa que faz oração pública.

beinhaltete es auch einen Bericht über die Erscheinung von La Salette, der mit dem Satz beginnt: „Unsere Liebe Frau erschien zwei Hirtenkindern auf dem Berg Salete (in Frankreich) am 19. September 1846.“[40] Weiter wird dort berichtet, die Frau sei „inmitten des glänzendsten Lichts“ erschienen und habe gemahnt, den Sonntag zu respektieren, da anderenfalls Unheil von ihrem Sohn drohe. Auch habe sie den Hirtenkindern zwei Geheimnisse mitgeteilt, die diese aber nie verrieten und die vermutlich mit dem Ende der Welt und der Verfolgung des Heiligen Vaters zu tun haben. Eines der Kinder, Melania, berichtete, die Frau habe weiße, mit Rosen in allen Farben verzierte Schuhe, goldfarbene Strümpfe, ein weißes, gänzlich mit Perlen geschmücktes Kleid, einen ebenfalls weißen und von Rosen gesäumten Umhang über den Schultern und eine weiße, leicht nach vorne geneigte Haube, die von einer Krone aus Rosen umfasst war, angehabt. Auch habe sie eine zierliche Kette, an der ein Kreuz mit dem Bild Christi hing, getragen. Ihr Gesicht sei rein und schmal gewesen und man habe ihr nicht in die Augen sehen können, um nicht an dem glänzenden Licht zu erblinden. Nachdem sie den Kindern gegenüber ihre Warnung und die Geheimnisse ausgesprochen hatte, habe sie sich in Richtung des Himmels erhoben: „Für einen Moment schwebte sie sechs Handbreit in der Luft; dann sahen wir ihren Kopf nicht mehr, dann die Arme, dann den Rest des Körpers, am Ende blieb nur ein immenses Licht und ein bisschen später verschwand alles.“

Während einer Befragung im Oktober 1917 erklärte Lúcias Mutter, dass sie das Buch »Missão Abreviada« besitze und daraus ihren Kindern vorlese. Nach der Geschichte von La Salette gefragt, bestätigte sie, diese Lúcia und den anderen Kindern vorgelesen zu haben und antwortete auf die Frage, ob Lúcia jemals von dieser Geschichte gesprochen habe, als habe sie sie besonders beeindruckt, dass sie ihre Tochter, wenn sie sich richtig er-

40 Hier wird aus dem Text der 6. Auflage der Missão Abreviada von 1868, S. 449-452 zitiert. Lúcias Mutter besaß wahrscheinlich ein Exemplar der 5. Auflage. Vgl. Carvalho: Fátima, S. 25, Anmerkung 39.

innere, nie darüber habe sprechen hören.[41] Im September 1923 erklärte Maria Rosa bei einer weiteren Befragung auch, ihrer Tochter an Winterabenden von den Erscheinungen von Ortiga, Fetal und anderen Orten erzählt zu haben.[42]

41 DCFS, Doc. 11.
Siehe hierzu auch den Abschnitt über den 13. Oktober 1917.

42 DCFS, Doc. 80.
Siehe hierzu auch den Abschnitt über die Kanonische Kommission.

Himmlische Erscheinungen vor 1917

In Portugal gibt es eine lange Tradition angeblicher himmlischer Erscheinungen – besonders der Jungfrau Maria.

Schon dem ersten König Afonso Henriques war, so heißt es, am Vorabend der wichtigen Schlacht von Ourique gegen die Mauren 1139 Jesus Christus erschienen und hatte ihm angekündigt, er, Afonso, werde als Sieger aus der Schlacht hervorgehen. Der dann tatsächlich errungene Erfolg gab dem Grafen die Macht, sich von seinen kastilischen Lehnsherren loszusagen und zum König eines eigenständigen portugiesischen Königreichs auszurufen. Es war die Geburtsstunde der portugiesischen Nation.

1385 fand eine andere wichtige Schlacht statt. Die erste Dynastie war erloschen und der König von Kastilien griff nach dem portugiesischen Thron, um das Land seinem Reich anzugliedern. Im August kam es zur Entscheidungsschlacht, in der das Heer der Portugiesen der Armee des übermächtig scheinenden Invasoren gegenübertrat. João, der Anführer der Portugiesen, bat die Jungfrau Maria um Beistand und gelobte, im Falle eines Sieges ihr zu Ehren ein Kloster zu errichten. Der Sieg glückte, João wurde als João I. der neue König von Portugal und Begründer der Dynastie von Avis, unter der das kleine Land zur Weltmacht aufstieg. Ganz in der Nähe des Schlachtfelds wurde das Kloster Santa Maria da Vitória gebaut. Die gleichzeitig mit dem Kloster aus dem Boden wachsende Ortschaft Batalha (Schlacht) führt in der Mitte ihres Stadtwappens ein Bild der Jungfrau Maria. Sie liegt etwa zwanzig Kilometer von Fátima entfernt.

Gut 200 Jahre vorher soll die Jungfrau Maria in Nazaré (portugiesisch für Nazareth), ungefähr 35 Kilometer westlich von Fátima, gesehen worden sein. Bereits 711 soll ein Mönch aus der Nähe von Mérida in Spanien eine Marienstatue nach Nazaré gebracht und sie so vor den damals vorrückenden Moslems gerettet haben. In Nazaré soll er die Statue in einer Grotte auf den Klippen hoch über dem Meer aufgestellt haben, wo er als Einsiedler lebte. Als 1182 ein Edelmann bei der Jagd in dichtem Nebel ahnungslos auf diese Klippen zuritt, so heißt es, sei ihm die Jungfrau Maria erschienen und habe ihn davor bewahrt, mitsamt seinem Pferd in den Tod zu stürzen. Zum Dank ließ der Gerettete an der Grotte eine Kapelle errichten, wobei Reliquien des Heiligen Blasius und des Heiligen Bartholomäus gefunden worden sein sollen. Als die Pilgerströme zunahmen, wurde dort eine Kirche errichtet. Das Heiligtum von Nazaré war lange Zeit der wichtigste Wallfahrtsort in Portugal und wird noch heute von Pilgern besucht, steht aber seit dem 20. Jahrhundert im Schatten von Fátima.

In Vale do Paraíso im Landkreis Azambujo, sechzig Kilometer von Fátima entfernt, soll in einem der letzten Jahrzehnte des 15. Jahrhunderts ein Hirtenjunge eine in Licht gehüllte Marienstatue im Stamm einer Korkeiche entdeckt haben. Als er dies dem Pfarrer berichtete, ging dieser mit den Bewohnern der nahen Ortschaft in einer Prozession zu der angegebenen Stelle und brachte die Marienstatue in die örtliche Kirche. Doch am nächsten Tag soll sie verschwunden und daraufhin wieder bei der Eiche gefunden worden sein. Nachdem sich dies noch einige Male wiederholt habe, wurde der Statue schließlich nahe des Baumes eine Kapelle errichtet. Dem Ort wurde bald wundersames Wirken nachgesagt.

Im 16. Jahrhundert dann soll die Jungfrau einem Hirtenmädchen in Reguengo do Fetal im Landkreis Batalha erschienen sein. Auch dort, elf Kilometer von Fátima entfernt, wurde eine Kapelle errichtet, die bald mit Wundern in Verbindung gebracht wurde.

1673 soll sich im nordportugiesischen Vilas Boas, Landkreis Vila Flor, folgendes zugetragen haben: Der zehnjährigen Maria Trigo erschien beim Wäschewaschen eine Frau von einer Schönheit ohne Gleichen, sprach sie bei ihrem Namen an und segnete sie. Dann nahm sie sie mit zu einem Abhang aus dem sie auf wundersame Weise eine Quelle entspringen ließ, goss dem Mädchen mit den Händen Wasser über den Kopf und heilte es so von seinen Krankheiten. Anschließend stellte sie sich dem Kind als

Nossa Senhora da Assunção[43] vor und sagte, die Leute der Gegend sollten sie wieder verehren. Eine dort schon lange existierende, ihr gewidmete Kirche und die Verehrung der Jungfrau waren in der Gegend in Vergessenheit geraten.[44]

Aus dem ebenfalls in Nordportugal liegenden Folhada im Kreis Marco de Canaveses berichtete 1758 der dortige Pfarrer José Franco Bravo: Im Jahr zuvor, am 13. Mai 1757 (also auf den Tag genau 160 Jahre vor der ersten Erscheinung von Fátima) hatten im dortigen Gebirge drei Hirtenmädchen von unter zwölf Jahren eine Stimme ihren Namen rufen hören. Als sie sich nach der Stimme umdrehten, sahen sie auf einem Steinhaufen eine Frau mit „glänzendem und strahlendem Gesicht". Die Erscheinung trug den Kindern auf, in ihren Ort zurückzukehren und dort zu sagen, dass alle die ersten Dienstage und Samstage bei Wasser und Brot fasten sollten. Als eines der Mädchen die Frau fragte, wer sie sei, antwortete diese, das würden sie erfahren, wenn sie täten, was ihnen gesagt wurde und zudem an den nächsten neun Tagen eine Wallfahrt zu Ehren der Jungfrau Maria an diesen Berg unternähmen. Die Kunde von dem Ereignis verbreitete sich schnell. Ob die Erscheinung sich im Laufe der Zeit noch zu erkennen gab, berichtet der Pfarrer nicht, er merkte jedoch an, dass man von einem anderen merkwürdigen Ereignis erzählte. Viele Jahre zuvor war angeblich ganz in der Nähe in vielen Nächten ein Licht zu sehen gewesen, bis am Vortag von Maria Himmelfahrt – also am 14. August – kurz vor Mitternacht ein so glänzendes Licht erschienen sei, dass man „in seiner Helligkeit einen Brief hätte lesen können".[45]

Am 17. Juni 1916 berichtete die Zeitung »O Concelho d'Estarreja« aus dem nordportugiesischen Landkreis Estarreja, man erzähle sich, dass gemeinsam mit einem hell strahlenden Stern, der zu einer bestimmten Stunde

---

43 Unsere Liebe Frau der Himmelfahrt.

44 Vgl. Carvalho: Fátima, S. 164/165 mit Verweis auf Aurélio Lopes: Videntes e Confidentes, Chamusca 2009, S. 122.

45 Der Bericht ist im Wortlaut abgedruckt in José Viriato Capela: As Freguesias do Distrito do Porto nas Memórias Paroquiais de 1758, Braga 2009.

jede Nacht am Himmel stehe, die Figur einer Frau erscheine, in einen Mantel von makelloser Reinheit gehüllt. Einige Leute hielten sie für eine Heilige, andere für die Jungfrau Maria und überall versammelten sich neugierige Menschen, denen, so der ironische Kommentar des Verfassers, es scheine, dass „diese Frauenfigur kommt, das Ende des Krieges oder das Ende der Welt zu verkünden".[46]

Ebenfalls im Juni 1916 erzählte man sich im nordportugiesischen Städtchen Espinho, die Jungfrau Maria sei auf einem Stern erschienen und habe gewarnt, man solle niemanden in den Krieg gehen lassen.

In Barral im Landkreis Ponta da Barca, ganz im Nordwesten Portugals soll am 10. Mai 1917, also drei Tage vor der ersten Erscheinung von Fátima, der Hirtenjungen Severino Alves auf seinem Weg in die Berge, „wie üblich den Rosenkranz betend", einen Blitz bemerkt haben. Gleich darauf sei ihm eine in weiß gekleidete Frau begegnet, sehr schön, voller Licht und Glanz, die den Kopf mit einem blauen Kopftuch bedeckt hatte und die ein weißes Kleid trug. Weiter berichtete der Junge, es habe ihn vor Überraschung „umgehauen"[47] woraufhin die Erscheinung verschwunden sei. Der Pfarrer aber sagte ihm, er solle am nächsten Tag wieder zu derselben Stelle gehen – „wer gestern nicht sprach, spricht vielleicht heute" – und tatsächlich soll die Erscheinung an diesem 11. Mai wieder dagewesen sein. Dieses Mal soll sie zu dem Jungen gesprochen haben, mit einer Stimme, so der Hirte, die eine Mischung aus Lachen und Singen war, wie er sie noch nie gehört habe: „Erschrecke nicht, ich bin es, Junge. Sage den Hirten dieser Berge, sie sollen immer den Rosenkranz beten und die Männer und Frauen sollen „Estrela do Céu" singen. Und die Mütter, die Söhne dort draußen haben, sollen den Rosenkranz beten, „Estrela do Céu" singen und mich verehren, ich werde der Welt zu Hilfe kommen und den Krieg beenden." Dann habe die Erscheinung zu einem Strauch geblickt und gesagt: „Was für schöne Knospen, welch hübsche Zweige." Der Hirtenjunge sei ihrem Blick gefolgt

46 O Conselho d'Estarreja, 17. Juni 1916.

47 „Caído para o lado".

und als er sich wieder der Erscheinung zuwenden wollte, sei diese verschwunden gewesen.[48]

„Estrela do Céu" ist ein Lied, das in der Region einige Jahrzehnte zuvor in schwierigen Zeiten gesungen wurde, aber, wie der örtliche Pfarrer versicherte, über vierzig Jahre vor der Erscheinung in Vergessenheit geraten war.[49] Die im vierzig Kilometer entfernten Braga erscheinende Zeitung »Echos do Minho« berichtete jedoch schon am 17. Juni 1917, dass „Stella caeli Teil unseres Kulturerbes aus Braga ist, denn es ist eine Antiphonie und ein Gebet, das jeden Tag in der Basilika gesungen wird."[50]

Außerhalb Portugals hatte es im Laufe der Jahrhunderte ebenfalls zahlreiche Berichte von Marienerscheinungen gegeben[51], von denen die Geschehnisse von Lourdes über alle Grenzen hinaus und auch in Portugal das größte Aufsehen erregt hatten.[52] In den französischen Pyrenäen soll zwischen Februar und Juli 1858 der 14jährigen, in ärmlichen Verhältnissen lebenden Bernadette Soubirous zahlreiche Male die Jungfrau Maria erschienen sein. Bei der ersten Erscheinung soll Bernadette, ihrer 11jährigen Schwester und einem dritten Mädchen von 15 Jahren beim Holzsammeln

48 Bericht der katholischen Zeitung »A Ordem« vom 9. Juni 1917. Vgl. auch Luís Filipe Torgal: Senhora do Barral, a gémea enjeitada da Senhora de Fátima, in observador.pt, 28. Juli 2020; Anabela Natário: O sol bailou pouco nos jornais. Fátima nas notícias de há 100 anos, in Expresso, 13. Mai 2017.

49 Natário: O sol, mit Verweis auf einen Artikel der Zeitung João Semana vom 8. Juli 1917.

50 Ecos do Minho, 17. Juni 1917.

51 Auch in Deutschland wurde zu dieser Zeit mehrfach von Marienerscheinungen berichtet. Die bekanntesten Fälle ereigneten sich 1876/77 in Mettenbuch (Niederbayern), Dietrichswalde (Ermland) und im saarländischen Marpingen. In einer von Armut, Hoffnungslosigkeit und dem Kulturkampf zwischen dem preußischen Staat und der katholischen Kirche geprägten Ambiente erzählten 1876 drei Mädchen aus Marpingen ihnen sei die Mutter Gottes erschienen. Sogleich versammelten sich zahlreiche Menschen am Ort der Erscheinung, bald machten Berichte von Wunderheilungen die Runde und weitere Leute versicherten, die Jungfrau dort gesehen zu haben. Vgl. u.a. David Blackbourn: „Die von der Gottheit überaus bevorzugten Mägdlein" – Marienerscheinungen im Bismarckreich, in Irmtraud Götz von Olenhusen: Wunderbare Erscheinungen. Frauen und katholische Frömmigkeit im 19. und 20. Jahrhundert, Paderborn u.a. 1995, S. 172-201.

52 1958 wurde eine dritte Basilika (Basilika Pius X.) geweiht, 1988 die Kirche der Heiligen Bernadette.

an einer Grotte eine „weiße Frau" erschienen sein. Bei der sechsten Erscheinung soll die Frau Bernadette ein Geheimnis anvertraut haben, bei der achten eine Quelle im Inneren der Grotte entspringen lassen haben. Die Kunde von den Ereignissen ließ zahlreiche Leute zu dieser Quelle gehen, deren Wasser bald als wundertätig galt. Und auch Bernadette selber, die den Rest ihres Lebens bis zu ihrem Tod mit 35 Jahren im Kloster verbrachte, wurden Wunderheilungen nachgesagt. 1876 wurde in Lourdes die Mariä-Empfängnis-Basilika geweiht, die für die Pilgerströme aber schon bald zu klein war, so dass 1901 die größere Rosenkranz-Basilika hinzu kam.

Die Ereignisse des Jahres 1917

13. Mai

Am 13. Mai 1917, einem Sonntag, besuchten die zehn Jahre alte Lúcia, ihre sieben Jahre alte Cousine Jacinta und ihr neun Jahre alter Cousin Francisco morgens die Messe in der Kirche von Fátima. Auch Lúcias Eltern waren dort, während die Eltern der beiden anderen Kinder schon früh morgens zum Markt ins nahe Batalha aufgebrochen waren.[53] In der Messe forderte der Pfarrer Manuel Marques Ferreira seine Gemeinde auf, den Rosenkranz für den Frieden und die im Weltkrieg stehenden Soldaten zu beten. Nach der Messe gingen die drei Hirtenkinder nach Hause, von wo aus sie kurz darauf aufbrachen, um die Schafherden ihrer Familien zum Weiden in die circa zwei Kilometer entfernte Cova da Iria, ein dürres Stück Land, das Lúcias Vater gehörte, zu führen. Als sie später zu ihren Eltern zurückkehrten, erzählte vermutlich Jacinta ihrer Mutter, ihnen sei dort eine Frau erschienen. Erst am nächsten Tag erfuhr Lúcias Mutter von Jacintas und Franciscos Eltern davon, da Lúcia den anderen aufgetragen hatte zu schweigen und daher auch ihren Eltern nichts hatte erzählen wollen.[54] Erst daraufhin sprach die Mutter mit Lúcia, die ihr nun von der Erscheinung berichtete. Um den 27. Mai wurde Lúcia vom Pfarrer Manuel Marques Ferreira zu den Ereignissen befragt.[55] In dem Gespräch erklärte

---

53 Vgl. hierzu und zum Folgenden auch Carvalho: Fátima, S. 11-15; Luciano Cristino: A primeira aparição de Nossa Senhora, a 13 de maio de 1917, in Bernardino Costa (Koord.): Quereis oferecer-vos a Deus?: Itinerário temático do Centenário das Aparições de Fátima: 2.° ciclo. Fátima 2011. S. 33-43; Torgal: Sol, S. 41/42.

54 Vgl. DCFS, Doc. 11.

55 Die Aufzeichnung des Gesprächs in DCFS, Doc. 1. Carvalho: Fátima, S. 12 führt an, dass die ursprünglichen Aufzeichnungen des Pfarrers verlorengegangen sind. Ihr Inhalt ist nur durch die Abschriften und Notizen des Geistlichen José Ferreira de Lacerda überliefert, der diese Protokolle kurz nach ihrer Erstellung einsehen durfte. Vgl. dazu auch Torgal: Sol, S. 37. Für eine Abschrift durch Lacerda spricht auch, dass im Mai-Protokoll

das Mädchen, die drei – Lúcia, Francisco und Jacinta – haben dort in der Cova da Iria einen Blitz gesehen und sich aus Angst vor einem Gewitter daran machen wollen, die Herde zusammenzutreiben und aufzubrechen. Dann habe es abermals geblitzt und sie haben auf einer Steineiche eine in weiß gekleidete Frau mit weißen Strümpfen an den Füßen, einem goldenweißen Rock, einer weißen Jacke und einem weißen Umhang über dem Kopf gesehen. Auch habe die Frau eine Schnur aus Gold und kleine Ohrringe getragen. Ihre Hände seien nach oben gerichtet gewesen und beim Sprechen habe sie die Arme und die offenen Hände ausgebreitet. Sie habe den Kindern gesagt, sie sollten keine Angst haben, sie werde ihnen nichts tun. Das anschließende Gespräch zwischen Lúcia und der Erscheinung ist in den Aufzeichnungen in Dialogform wiedergegeben.

Lúcia fragte: „Woher kommen Sie?" und die Erscheinung antwortete: „Ich bin aus dem Himmel".

- Weshalb kommen Sie hinunter auf die Erde?
- Ich komme, um dir zu sagen, sechs Monate lang jeden Monat hierher zu kommen und am Ende der sechs Monate werde ich dir sagen, was ich möchte.
- Können Sie mir sagen, ob der Krieg noch lange dauert oder bald endet?
- Das kann ich dir nicht sagen, solange ich dir nicht auch sage, was ich möchte.

Dann erzählte Lúcia, dass sie die Erscheinung gefragt habe, ob sie, Lúcia, in den Himmel komme.

- Das kommst du.
- Und meine Cousine?
- Die auch.
- Und mein Cousin?
- Der muss noch seine Perlen beten.

---

schon von „1. Erscheinung" die Rede ist, als wäre es bei der Anfertigung der Aufzeichnungen schon klar gewesen, dass dieses Ereignis kein Einzelfall bleiben würde.

Dann sei die Erscheinung verschwunden. Die Aufzeichnungen enden mit dem Hinweis, dass die anderen beiden Kinder die Fragen Lúcias und die Antworten der Frau hörten, selber aber keine Fragen stellten. Zu Beginn hatte Lúcia erklärt, Francisco habe die Frau erst gesehen, als sie verschwand. Ob der Pfarrer auch mit Francisco und Jacinta sprach und was diese beiden möglicherweise über die Ereignisse zu erzählen hatten, bleibt offen.

Zwar verbreitete sich die Geschichte bald in der Gemeinde und der näheren Umgebung, verursachte aber zunächst nur wenig Aufsehen und auch die Presse griff das Thema noch nicht auf. Stattdessen berichtete die Zeitung »A Ordem« am 9. Juni über die Erscheinung in Barral.[56]

13. Juni

Einen Monat nach der Erscheinung, am 13. Juni, gingen die drei Kinder erneut zur Cova da Iria. Es war der Tag des Santo António, des in Lissabon geborenen Heiligen Antonius von Padua, und wie in vielen Orten im Land wurde dies auch in Fátima mit einem Fest gefeiert. Doch die drei Kinder verzichteten und gingen, nachdem sie um zehn Uhr die Messe besucht hatten, gegen elf Uhr zu besagtem Stück Land.[57] Dort trafen sie auf ungefähr fünfzig Personen aus der näheren Umgebung, die sich aus Neugier oder Glauben dort versammelt hatten. Vermutlich schon am folgenden Tag befragte Pfarrer Marques Ferreira Lúcia zu den Geschehnissen dieses 13. Juni.[58] Über eine mögliche Befragung von Francisco und Jacinta ist nichts bekannt. Lúcia berichtete dem Pfarrer, die drei Hirtenkinder haben den Rosenkranz gebetet, während sie auf die Erscheinung warteten, und

56 Siehe oben das Kapitel über die Erscheinungen vor 1917.

57 Vgl. zur zweiten Erscheinung Carvalho: Fátima, S. 29-31; Cristino: A segunda aparição de Nossa Senhora na Cova da Iria (13.06.1917), in Bernardino Costa (Koord.): Não tenhais medo: Itinerário Temático do Centenário das Aparições de Fátima: 3.° ciclo. Fátima 2012. S. 27-35; Torgal: Sol, S. 42-43.

58 DCFS, Doc. 2.

als sie die Litanei[59] beten wollten, habe Lúcia den anderen beiden gesagt, es sei keine Zeit mehr, sie habe bereits den Blitz gesehen. Dann sei sie mit den anwesenden Leuten zur Steineiche gegangen, sei niedergekniet und im selben Moment sei ihr die Frau schräg von Osten kommend erschienen. Lúcia habe sie gefragt:

- Nun, was wollen Sie von mir?
- Ich will dir sagen, am 13. hierhin zurückzukommen und dass du lesen lernst, um dir zu sagen, was ich will.
- Also mehr wollen Sie nicht?
- Mehr will ich nicht.

Die Erscheinung habe einen weißen Umhang getragen, der vom Kopf bis zum Saum des Rocks reichte und unterhalb der Taille golden war. Der Rock sei ganz weiß und mit goldenen Schnüren verziert gewesen, habe „aber nur" bis zum Knie gereicht.[60] Auch habe sie eine weiße Jacke ohne Gold, mit nur zwei oder drei Schnüren am Bündchen getragen. Schuhe habe sie keine angehabt, aber weiße Strümpfe. Um den Hals habe sie ein goldenes Kettchen mit einer Medaille und im Ohr kleine Knöpfchen getragen. Ihre Augen seien schwarz, ihre Statur halb groß gewesen. Die erhobenen Hände habe sie beim Sprechen auseinandergeführt.

Unter dem anwesenden Volk befand sich auch eine Frau namens Maria Carreira, die viele Jahre später, im Mai 1943, der Zeitschrift »Stella« ein Interview über die Ereignisse dieses 13. Juni gab.[61] Maria Carreira wurde bald in der Gegend „Maria von der Kapelle" und „Schatzmeisterin von

59 Portugiesisch *ladainha*. Gemeint ist hier die *ladainha de Nossa Senhora*, die traditionell als Abschluss des Rosenkranzes gebetet wurde.

60 Die Formulierung in den Aufzeichnungen, dass der Rock „aber nur" bis zum Knie gereicht habe, ist kein Zufall. Vielmehr war die von Lúcia beschriebene Rocklänge, ein Punkt, der den katholischen Interpreten der Ereignisse großes Kopfzerbrechen bereitete, wie noch gezeigt werden wird.

61 Stella, Revista católica de cultura feminina, n.° 77, Mai 1943, S. 11. Diese „katholische Zeitschrift für weibliche Kultur" war 1937 von Manuel Nunes Formigão gegründet worden. Vgl. Carvalho: Fátima, S. 29/30.

Fátima“[62] gerufen, weil sie die Spenden und Opfergaben, die die Leute am Ort der Erscheinungen hinterließen einsammelte und verwaltete. Über jenen Tag berichtete sie, dass Lúcia dort in der Cova da Iria zu ihrer Cousine gesagt habe: „Oh, Jacinta, sie kommt schon, es hat geblitzt.“ Auf die Frage, ob auch sie, Maria Carreira, einen Blitz gesehen habe, antwortete diese: „Ich nicht! Und niemand prahlte damit, den Blitz gesehen zu haben.“ Weiter erzählte Maria Carreira, sie und die anderen Anwesenden haben sich wie die Kinder niedergekniet und dann die Stimme Lúcias gehört, die der Erscheinung Fragen stellte. Dann habe sie, Maria, ein Summen wie das einer Biene wahrgenommen, von dem sie glaubte, es sei die Jungfrau, die spräche. Und als Lúcia verkündete, die Erscheinung werde verschwinden, habe Maria Carreira ein Geräusch „wie das Blasen einer aufsteigenden Feuerwerksrakete“ gehört. Alles was sie jedoch gesehen habe, sei eine gewöhnliche Wolke gewesen. Dann habe Lúcia gesagt: „Gut, jetzt sieht man sie schon nicht mehr. Sie hat schon den Himmel betreten und die Tore sind schon geschlossen.“

13. Juli

Am 13. Juli, einem sonnigen, sehr warmen Tag in Fátima, begaben sich die drei Hirtenkinder erneut zur Cova da Iria, wo sie bereits von deutlich mehr Leuten als im Monat zuvor erwartetet wurden. Von 800, vielleicht sogar über 2.000 Menschen schreibt der Pfarrer Faustino José Jacinto Ferreira in einem Artikel, der am 29. Juli in der Zeitung »O Ouriense« erschien, „vom bescheidenen Hirten, schroffen Bauern bis zu solchen, die angenehme Spazierfahrten in schnellen Automobilen unternehmen.“[63]
Und gleich am 14. Juli war es abermals Pfarrer Manuel Marques Ferreira, der Lúcia und dieses Mal auch ihre Cousine Jacinta befragte.[64] Lúcia be-

62 „Maria da Capelinha“ und „Tesoureira de Fátima“.

63 Real Aparição ou Suposta... Ilusão, in O Ouriense, 29. Juli 1917.

64 DCFS, Doc. 3.

richtete, dass sie an diesem 13. Juli gegen elf Uhr Jacinta gerufen habe und sie dann zusammen zum Ort der Erscheinung gegangen seien. Dort haben sie eine Schwester Lúcias getroffen, auf deren Aufforderung hin Lúcia den Rosenkranz gebetet und die Anwesenden gebeten habe, mitzumachen. Kurz darauf habe es geblitzt und die Frau sei erschienen. Lúcia habe sich erhoben und die versammelte Menge angewiesen, ein wenig zurückzutreten und niederzuknien. Dann habe auch sie sich wieder niedergekniet und die Erscheinung gefragt:

– Was möchten Sie von mir?
– Ich möchte dir sagen, dass ihr am 13. wieder hierher kommen sollt. Betet den Rosenkranz zu Unserer Lieben Frau vom Rosenkranz, damit der Krieg endet, denn nur sie kann dafür sorgen.

Weiter habe Lúcia gesagt:

– Ich habe hier die Bitte, ob Sie eine Frau aus Pedrógão und eine aus Fátima heilen[65] und einen Jungen aus Moita bessern können,

worauf die Erscheinung gesagt habe, sie werde sie innerhalb eines Jahres heilen und bessern.

– Ich habe hier eine Bitte, dass Sie einen Mann aus Atouguia so schnell wie möglich in den Himmel nehmen.
– Ich nehme ihn.
– Lassen Sie ein Wunder geschehen, damit alle glauben.
– In drei Monaten werde ich machen, dass alle glauben.
– Möchten Sie sonst nichts von mir?
– Nein, ich möchte gerade nichts weiter von dir.
– Gut, ich möchte gerade auch nichts weiter.

Daraufhin, so Lúcia weiter, sei die Erscheinung Richtung Osten verschwunden und das Mädchen habe zu den Anwesenden gesagt: „Seht dorthin, in die Richtung, in die sie verschwand", woraufhin die Leute in

65 Das portugiesische Wort *converter* bedeutet bekehren, in diesem Zusammenhang aber auch von einer psychischen Krankheit heilen . Vgl. Torgal: Sol, S. 101.

die angewiesene Richtung geschaut haben. Das Aussehen der Erscheinung war laut Lúcia genau so, wie die beiden Male zuvor.

Lúcias Cousine Jacinta berichtete dem Pfarrer dann, dass sie schon vier Mal eine kleine Frau gesehen habe, einmal nachts zu Hause und drei Mal in der Cova da Iria. Zu Hause habe sie die Frau am Rande der Bodenklappe im Obergeschoss gesehen, als ihre Mutter und Geschwister schliefen. Die Frau habe nichts gesagt. In der Cova da Iria habe sie die Frau aufrecht auf einer Steineiche gesehen. Sie habe weiße Strümpfe, aber keine Schuhe getragen, ein goldenes Kleid, einen weißen und ganz goldenen Rock, der ihr bis zu den Knien reichte, eine weiße und ganz goldene Jacke und über dem Kopf einen ebenfalls weißen und ganz goldenen Umhang. Die Erscheinung habe einen weißen Rosenkranz zwischen Daumen und Zeigefinger der beiden Hände gehalten und ein goldenes Kettchen um den Hals getragen. Ohrringe habe Jacinta nicht gesehen. Die Frau sei so groß gewesen wie Albina, ein 15jähriges Mädchen aus Jacintas Verwandtschaft. Ihre Hände seien auf Höhe der Taille nach oben gerichtet gewesen und sie habe sie voneinander gelöst, als sie zu Lúcia sprach. Sie, Jacinta, habe die Erscheinung nichts sagen, sie aber sprechen gehört (an dieser Stelle steht in den Aufzeichnungen geschrieben: Mal sagt sie, dass ja, mal sagt sie, dass nein) und habe sie nicht sagen gehört, wie oft sie hierher käme. Bei ihrem Abgang habe sich der Himmel geöffnet und die Füße seien steckengeblieben, als der Körper schon nicht mehr zu sehen gewesen sei. Dann habe sie ein frommes Sprechen gehört und erinnere sich nur, gehört zu haben, dass sie, die drei Hirtenkinder, in den Himmel kämen. Auch sagte sie, den Blitz gesehen zu haben, sagt aber mal, es sei einer gewesen, dann, es seien zwei gewesen, und mal, sie habe sie vorher, mal, sie habe sie nachher gesehen.

In der Folge dieses 13. Juli griff auch die Presse die Ereignisse in Fátima auf. Als erstes war es ein Korrespondent der Tageszeitung »O Século«, der sich in einem in der Ausgabe vom 23. Juli erschienenen Artikel mit dem Titel „Eine himmlische Botschaft... Finanzspekulation?“ dem Thema annahm.[66] Aus dem nahe bei Fátima gelegenen Torres Novas wird dort berichtet, dass tausende Leute sich in Fátima versammelt haben, und dass es nicht einen einzigen Wagen mehr zu leihen gab, ja sogar einige Geschäfte geschlossen hatten.[67] Gegen 14 Uhr kehrten die Leute zurück, „Lieder und Hymnen zu Ehren der Jungfrau“ anstimmend. Am nächsten Tag befragte der Journalist eine Frau, die nach eigenen Angaben an diesem 13. Juli zur Stunde der Erscheinung in der Cova da Iria anwesend gewesen war und dem Reporter nun von tausenden Personen aus weit entfernten Ortschaften berichtete, die sich dort versammelt hatten. Den Moment der Erscheinung schildert die Zeugin folgendermaßen:

> Man hörte ein Geräusch und das Dröhnen eines Donners und gleich darauf brachen die beiden Kinder, die bei einer Steineiche standen, von vielen Blumen umgeben, ich glaube paradiesischen, in schmerzliches Weinen aus, machten epileptische Bewegungen und verfielen dann in Ekstase.[68]

Den in leicht ironischem, teils despektierlichem Tonfall gehaltenen Artikel schließt der Verfasser mit einer persönlichen Einschätzung:

> Meine Meinung ist, dass es sich um eine geplante Finanzspekulation handelt, dessen Einkommensquelle in den Eingeweiden des Gebirges liegt, in irgendeiner Mineralwasserquelle, die kürzlich irgendeine listige Person entdeckt hat, die das Gebirge von Aire unter dem Deckmantel der Religion in einen wundertätigen Badeort wie das alte Lourdes verwandeln will.
> Die Behörden haben schon Kenntnis von dem Fall, und falls sie ihn noch ignorieren, diene ihnen diese Bemerkung als Mahnung.

---

66 Uma embaixada celestial... Especulação Financeira?, in O Século, 23. Juli 1917; DCFS, Doc. 4.

67 Der 13. Juli 1917 war ein Freitag.

68 Die Zeugin spricht hier von zwei Kindern und auch Pfarrer Ferreira befragte nur Lúcia und Jacinta. Aus anderen Berichten lässt sich aber schließen, dass Francisco ebenfalls anwesend war.

Andere Zeitungen übernahmen den Bericht aus »O Século« ungeprüft und behandelten die Ereignisse zumeist ebenfalls mit Unglaube und Missbilligung. Der Artikel wurde am 25. Juli aber auch vom katholischen »O Mensageiro« abgedruckt, mitsamt der Mutmaßung des Verfassers über die dahinter stehenden Betrugsabsichten, lediglich unter einem anderen Titel.[69]

Am 24. Juli schrieb die der Demokratischen Partei von Afonso Costa nahestehende Zeitung »O Mundo« mit Ironie und Schärfe über die Ereignisse:

> Es scheint, dass die Mutter von Jesus Christus endlich die warmherzigen Bitten der portugiesischen klerikalen Verschwörer erhört hat.
> (...)
> Die Behörden der Republik können und dürfen nicht zulassen, dass so scheußlich mit der naiven Leichtgläubigkeit des Volkes spekuliert wird, das durch Fanatisierung verdummt wird und in die Zeit des Mittelalters zurückgeführt werden soll. Es wird behauptet, diese Erfindung sei irgendeine finanziell motivierte Reklame, um aus der Serra d'Aire ein lusitanisches Lourdes zu machen. Ob dafür oder zu einem anderen Zweck, die theokratische und klerikale Spekulation muss sofort und streng unterdrückt werden, zum Wohl und zur Ruhe des Landes und für die Ehre der Republik.[70]

Andere Töne schlug »O Ouriense« an. Die vom Vikariat von Ourém herausgegebene Zeitung beschrieb die Ereignisse wohlwollender, in der Ausgabe vom 29. Juli gar mit offener Begeisterung. Der schon oben erwähnte Artikel des Pfarrers Faustino José Jacinto Ferreira beginnt mit dem freudigen Ausruf:

---

69 In O Mensageiro hieß der Artikel „Wunderbare Erscheinung?". Vgl. Ribeiro Ferraz: Impacto, S. 134/135.

70 O Mundo, 24. Juli 1917, zitiert nach Carvalho: Fátima, S. 38.

> Diese Gemeinde erlebte am vergangenen 13. das wundervollste und bewegendste Spektakel, dass die Vorstellungskraft sich ersinnen kann.
> Möchte die Königin der Engel aus dieser Gemeinde ein zweites Lourdes machen?!...
> Ah! Wer verdient das!
> Gott und der Jungfrau Maria ist es nicht unmöglich!

Im Anschluss werden die Ereignisse und die Begeisterung der Anwesenden beschrieben und auch, dass es am Ende nötig war, dass

> barmherzige Seelen die Kinder nahmen und, um sie von den verworrenen Befragungen und den schweren Belästigungen zu befreien, denen sie in der Mitte einer so großen Menschenmenge ausgesetzt sein könnten, in ein Automobil steckten und sie in die zweieinhalb Kilometer entfernte Kirche brachten, wo sie fotografiert wurden.

Der Artikel endet mit den Worten:

> Es war einfach wunderbar, mehr sage ich für den Moment nicht.

In dieser letzten Äußerung schwang neben Begeisterung auch eine unverkennbare Vorsicht bezüglich der Deutung der Ereignisse mit, wie in dieser Zeit in zahlreichen Artikeln kirchennaher Zeitungen. Denn zum einen oblag die Deutungshoheit der kirchlichen Obrigkeit und zum anderen konnte auch niemand sicher ausschließen, dass sich die Ereignisse letztlich nicht doch als Schwindel herausstellen würden.

13. August

Die Erscheinung hatte laut Lúcia ihre Rückkehr für den 13. August angekündigt und die drei Hirtenkinder wollten auch an diesem Tag zur Cova da Iria gehen. Doch dieses Mal kam alles anders. Grund dafür waren weltliche Mächte, in Person von Artur de Oliveira Santos, dem republikanischen Verwalter des Landkreises Vila Nova de Ourém. Die Geschehnisse des 13. August und der folgenden Tage lassen sich nicht in allen Einzelheiten rekonstruieren und lösten einen Jahrzehnte dauernden Streit aus.[71] Bereits am 11. August hatte Oliveira Santos die Kinder und ihre Eltern zu sich geladen. Lúcia war mit ihrem Vater in Ourém erschienen, der Vater von Jacinta und Francisco aber war alleine gekommen. Zwei Tage später – am 13. August – kam der Verwalter daraufhin morgens nach Aljustrel, wo er das Haus der Familie Marto aufsuchte und sich von dort nach kurzem Gespräch mit Franciscos und Jacintas Eltern und den drei Kindern zum Haus des Pfarrers Marques Ferreira in Fátima begab, um die Kinder dort kurz später erneut zu befragen. Dabei erzählten sie zum ersten Mal, dass die Erscheinung ihnen ein Geheimnis anvertraut habe, das sie niemandem erzählen dürften. Nach dem Gespräch bot Oliveira Santos den Kindern an, sie in seinem Wagen zur Cova da Iria zu bringen, fuhr aber stattdessen mit ihnen nach Ourém, von wo sie erst zwei Tage später, am Morgen des 15. August zurückkehrten. Fest steht, dass Lúcia, Francisco und Jacinta diese Zeit in der Obhut des Verwalters verbrachten, zumeist in dessen Haus, gemeinsam mit seiner Frau und seinen Kindern.[72] Dort versuchte Oliveira Santos wohl, von den drei mehr über die Erscheinungen und ihre Umstände zu erfahren. Aber ganz sicher war sein Eingreifen der Versuch, im Sinne der Republik dem Geschehen von Fátima Einhalt zu gebieten und dessen Ausweitung und Instrumentalisierung durch die Kirche zu verhindern.[73]

71 Vgl hierzu auch Pedro Vieira: O mau da fita, in Visão História N.º39, S. 48-50.

72 Die Namen der Kinder von Oliveira Santos spiegeln zweifellos dessen Begeisterung und Treue für die Republik und die portugiesische Nation. Sie hießen Franklim, Democracia, Victor Hugo, Jaurés (nach dem französischen sozialistischen Politiker) Henrique (nach dem ersten Graf der Grafschaft Portucale, aus der Portugal hervorging), Afonso Costa, Viriato (nach dem lusitanischen Widerstandskämpfer gegen die römischen Besatzer in der Antike) und Lusa (weibliche Form von Luso, einer von *Lusitania* abgeleiteten Bezeichnung für Portugiesen).

73 In seinem 1924 für den Zivilgouverneur von Santarém verfassten Bericht schrieb Olivei-

Die Eltern der Kinder machten kein großes Aufsehen um diese Entführung. Nicht nur die kirchlichen Vertreter, sondern auch der republikanische Verwalter stellten für sie zu respektierende Autoritäten dar und es ist gar nicht unwahrscheinlich, dass es ihnen ganz recht war, dass ihre Kinder nicht abermals im Mittelpunkt dieser immer größere Dimensionen annehmenden Ereignisse standen. Franciscos und Jacintas Vater soll zwar am 11. August dem Verwalter in Ourém gegenüber erklärt haben, seinen Kindern zu glauben, aber schon dorthin hatte er sie nicht mitgebracht, weil sie, wie er sagte, noch zu jung seien.[74] Lúcias Vater erklärte bei der gleichen Gelegenheit, er glaube nicht an diese „Frauengeschichten"[75] und auch Lúcias Mutter Maria Rosa äußerte noch Ende September 1917 im Gespräch mit dem Geistlichen Formigão die Sorge, ihre Tochter könne Opfer einer Einbildung sein, die für sie und die Familie in Unannehmlichkeiten und Lächerlichkeit enden könnte.[76] Im nächsten Gespräch mit dem Geistlichen im folgenden Oktober berichtete sie über die Ereignisse im August nur, dass ein Bruder von Francisco und Jacinta zum Haus des Verwalters gegangen sei und mit dessen Frau gesprochen habe, die ihn fragte, ob er die Kinder holen komme, was er verneint habe. Der Verwalter persönlich habe die Kinder dann nach Fátima gebracht.[77] Bei anderer Gelegenheit sagte Maria Rosa, sie sei nicht besorgt gewesen, „denn ich wusste, dass sie keine Kinder fressen"[78] und über den Moment der Rückkehr:

---

ra Santos, sein Ziel sei gewesen, „die klerikale Spekulation zu vermeiden, die um die Kinder herum stattfand". Vgl. Vieira: O mau da fita, S. 48.

74 Vgl. Carvalho: Fátima, S. 40 mit Verweis auf João de Marchi: Era uma Senhora mais Brilhante que o Sol, Fátima 1966, S. 131.

75 Vgl. Carvalho: Fátima, S. 40.

76 Vgl. die Aufzeichnungen Formigãos über das Gespräch vom 27. September 1917, DCFS, Doc. 10.

77 Vgl. die Aufzeichnungen Formigãos über das Gespräch vom 11. Oktober 1917, DCFS, Doc. 11.

78 Vgl. Rui Ramos: Fátima: 100 anos de uma história mal contada, in Observador, 12. Oktober 2017.

> „Die Kinder zeigten sich wie vorher und mit Lust zu spielen. Sie sagten, man habe ihnen viele Fragen gestellt und dass ein Arzt gekommen sei, um sie zu untersuchen".[79]

Während die Kinder sich den Aufzeichnungen zufolge im Anschluss an die zwei in der Obhut des Verwalters verbrachten Tage nie ausführlich und auch nie negativ über diese Zeit äußerten, berichtete Lúcia 1922, man habe ihnen verschiedene Strafen angedroht, sollten sie das Geheimnis nicht verraten, und Gold versprochen, sollten sie es tun.[80] Lúcia baute diese Erzählung in einer offiziellen Befragung im Juli 1924 aus, in der sie behauptete, man habe ihr und den anderen beiden Kindern angedroht, sie in siedendes Öl zu schmeißen, sollten sie sich weigern, das ihnen von der Erscheinung anvertraute Geheimnis zu verraten. Erst habe man Jacinta geholt, dann Francisco und dann habe man Lúcia gesagt, die beiden seien schon verbrannt worden.[81] Die bei dieser Gelegenheit geschilderte, an psychische Folter grenzende Behandlung durch den Verwalter und seine Begleiter hatte sie bis dahin nie erwähnt.[82]

Am 13. August 1917 hatte die Nachricht von der Entführung der drei Hirtenkinder unter der dieses Mal noch größeren, möglicherweise um die 5.000 Menschen zählenden Menge, die sich um die Mittagszeit in der Cova da Iria versammelt hatte, Unmut und Verwirrung gestiftet. In den Berichten verschiedener Augenzeugen ist von Empörung und Aufruhr und von einer sich ausbreitenden Unruhe, gar Panik die Rede, angefacht durch einen angeblichen Donner. Es wurde aber auch von einer Rauchwolke und bunten Farben am Himmel berichtet, davon, dass man pro-

79 Vgl. Carvalho: Fátima, S. 42 mit Verweis auf DCFII, Doc 4.

80 DCFS, Doc. 65. Lúcia befand sich bereits in Porto in der Obhut der Dorothea-Schwestern, als sie am 5. Januar 1922 erstmals schriftlich Zeugnis zu den Vorfällen des Jahres 1917 ablegte.

81 Befragung durch die Kanonische Diözesankommission, 8. Juli 1924. DCFS, Doc. 82.

82 Vgl. Carvalho: Fátima, S. 42/43.

blemlos in die Sonne sehen konnte und diese ihre Farbe verändert habe, und von Leuten, die behaupteten, die Jungfrau Maria gesehen zu haben.[83]

Der republikanische Verwalter Oliveira Santos galt von da an als der Hauptfeind Fátimas und als die personifizierte Kirchenfeindlichkeit der Republik. Und auch Pfarrer Marques Ferreira blieb nicht verschont. Da die Kinder sich in seinem Haus aufgehalten hatten und von dort entführt worden waren, wurde er bald der Komplizenschaft beschuldig. Ferreira veröffentlichte daraufhin zu seiner Verteidigung in gleich drei katholischen Zeitungen einen Brief, in dem er seine Unschuld beteuerte.[84]

In jedem Fall hat das Eingreifen des Verwalters das Aufsehen um die Ereignisse von Fátima nicht eindämmen können, sondern vielmehr das Gegenteil verursacht, da die Angelegenheit in der Folge erst recht hohe Wellen schlug. Obendrein konnte Oliveira Santos nicht verhindern, dass die Frau auch im August wieder den Kindern erschien. Nur eben nicht am 13., sondern laut Lúcia am 19. des Monats. Und nicht in der Cova da Iria, sondern in Valinhos, gut 600 Meter von Lúcias Elternhaus entfernt. Offensichtlich war Jacinta dieses Mal zunächst nicht dabei gewesen, da ihre Mutter ihr an diesem Sonntag die Haare waschen wollte und deshalb Francisco und den zwölfjährigen João, einen anderen ihrer Söhne, losgeschickt hatte. Sechs Jahre später erzählte die Mutter, Lúcia habe, als das Erscheinen der Frau sich ankündigte, João geschickt, um Jacinta zu holen, die daraufhin nach Valinhos gelaufen sei. Abends habe João erzählt, er habe Lúcia, Francisco und Jacinta knien sehen, von der Erscheinung aber nichts wahrgenommen, nur einen Pfiff wie von einer Feuerwerksrakete.[85]

---

83 Vgl. besonders Carvalho: Fátima, S. 45-48; Torgal: Sol, S. 46.
Siehe auch die Aussagen der Augenzeugen Manuel Gonçalves Júnior und Joaquim Inácio Vicente anlässlich der Befragung durch den Pfarrer Manuel Marques Ferreira für die vom Erzbischof von Mitilene angeordnete Untersuchung, DCFS, Doc. 40 und 42.

84 DCFS, Doc 6. Der Brief erschien in den Zeitungen O Ouriense, O Mensageiro und A Ordem.

85 Vgl. Carvalho: Fátima, S. 49/50 mit Verweis auf DCFII, Doc. 4.

Zwei Tage später, am 21. August, sprach der Pfarrer Marques Ferreira mit Lúcia, die dieses Mal wieder als einzige befragt wurde.[86] Sie berichtete, die Frau sei von Osten gekommen und habe sich dann auf der Steineiche niedergelassen. Lúcia sei niedergekniet, habe sich wieder erhoben und gefragt:

- Was möchten Sie von mir?
- Ich möchte dir sagen, dass du dort zur Cova da Iria zurückkehren sollst. Wenn sie dich nicht ins Dorf[87] mitgenommen hätten, wäre es das bekannteste Wunder gewesen. Es wäre der Heilige Josef mit dem Jesuskind gekommen, der Welt Frieden zu bringen. Und es wäre Unser Herr gekommen, das Volk zu segnen. Es wäre Unsere Liebe Frau vom Rosenkranz gekommen mit einem Engel an jeder Seite und Unser Liebe Frau mit einem Blumenkranz.
- Dieses Geld, das Sie haben, was möchten Sie, das damit geschieht?
- Macht zwei kleine Prozessionstragen; eine trägst du und drei andere Mädchen wie du und ihr geht in weiß, die andere trägt Francisco und drei andere Jungen wie er, sie tragen einen weißen Umhang. Bringt es zur Frau vom Rosenkranz und verwendet es für sie.

Danach verschwand die Erscheinung nach oben und Lúcia verabschiedete sich („Adeus"). Lúcia fügte noch hinzu, dass die Frau auf ihre Frage hin angekündigt habe, am letzten Tag zu offenbaren, wer sie sei.

Während die katholische Presse ausgiebig über die Ereignisse berichtete und Schilderungen angeblicher Augenzeugen veröffentlichte, reagierten die republikanischen Zeitungen mit scharfen Angriffen. »O Mundo« schrieb am 19. August von „Wunder-Betrug" und am 23. von „seligsprechendem Fanatismus" und machte Analphabetismus und Ignoranz der Be-

86 DCFS, Doc. 5.

87 Als „Dorf" (*aldeia*) bezeichneten die Bewohner der Gegend die Stadt Ourém.

völkerung als fruchtbare Grundlage dafür aus. »O Debate« wollte am selben Tag in den Jesuiten den Urheber von allem erkannt haben und nannte die Ereignisse „conto de vigiário", was Betrug, wörtlich aber „Erzählung des Vikars" bedeutet.[88]

Am 7. September hatte der Anwalt Carlos Azevedo Mendes, ehemals Student der Rechte an der Universität Coimbra und dort Mitglied des katholisch-konservativen Akademischen Zentrum christlicher Demokratie (Centro Académico de Democracia Cristã, CADC) die Gelegenheit, persönlich mit den drei Hirtenkindern zu sprechen, wovon er seiner Verlobten am Folgetag in einem Brief berichtete.[89] Er schrieb, zuvor in Fátima mit einigen Priestern zu Mittag gegessen zu haben, die ihm erzählten, am Vortag mit den drei Kindern gesprochen zu haben und beeindruckt zu sein, dass diese nicht von ihren Beteuerungen abwichen:

> Es war nicht ausreichend, um ein Urteil zu fällen, aber alle waren sich einig, dass es dort etwas Außergewöhnliches gab.

Nach dem Essen begab sich Azevedo Mendes zum Haus der Familie Marto, wo er zunächst nur die Mutter von Francisco und Jacinta antraf, „eine trockene Alte, ungenierte Art, ganz die aktive Frau", die ihm gegenüber ihre Besorgnis über die Ereignisse äußerte: „Wenn wir wenigstens würdig wären!!" (...) „Aber bedenken Sie, dass sogar mein Bruder (Lúcias Vater) sich nicht um die Kirche schert und ein Mann des Weins ist!!!"

Während Lúcia noch abwesend war, da sie ihrem Vater das Essen bringen musste, kam Jacinta nach Hause:

> Die Kleine wollte ohne ihre Cousine nicht kommen (sie sind unzertrennlich). Ihre Schwester musste sie huckepack bringen. (...) Sie ist ein Engel (...) [und] ganz verschämt. Mit Schwierigkeiten hörten wir das bisschen, das sie als Antwort auf meine Fragen sagte. Ihre Lúcia fehlte ihr und es ging ihr nicht gut.

88 Vgl. Torgal: Sol, S. 46/47; Carvalho: Fátima, S. 52.

89 DCFS, Doc. 7.

Dann kam Francisco dazu:

> Wacher Blick und spitzbübisches Gesicht!!... Mit ungezwungener Mine beantwortete er meine Fragen, Jacinta gewinnt Vertrauen.

Und schließlich erschien Lúcia:

> Kurz darauf kommt Lúcia. Du kannst Dir Jacintas Freude, als sie sie sieht, nicht vorstellen!!... Sie lachte am ganzen Körper, lief zu ihr und ließ sie nicht mehr los!!!... Das war ein schönes Bild. Lúcia auf einer Seite, nein, Lúcia im Zentrum, auf einer Seite Francisco und auf der anderen Seite, ganz nah bei ihr und mit dem Köpfchen geradezu auf ihr, Jacinta.
> Lúcia hatte keine Züge, die uns beeindruckten. Nur ihr Blick ist lebendig. Die Züge sind gewöhnlich, der Typ der Region.

Später im Brief aber fügte Azevedo Mendes hinzu:

> Lúcia fesselt uns durch ihre Gesamterscheinung, die ich weiß nicht was hat, das uns entzückt.

Er berichtete weiter, dass er die drei Kinder einzeln befragte und alle drei das gleiche sagten, ohne die geringsten Abweichungen:

> Lúcia sieht die Frau, spricht zu ihr und hört sie, Jacinta sieht die Frau, hört sie, spricht aber nicht mit ihr, Francisco sieht die Frau, spricht aber nicht mir ihr und hört sie auch nicht!!!... Dieser Unterschied ist interessant.

Auch sprachen die Kinder von einem Gebet, dass die Frau Ihnen beigebracht habe:

> Oh mein Jesus, vergib mir. / Rette mich vor dem Feuer der Hölle. / Nimm alle Seelen / zum Himmel, besonders / die, die es am nötigsten haben.

Azevedo Mendes bemerkte dazu:

> Ich fand es interessant, dass die Frau es ihnen beibrachte, ihnen aber nicht auftrug, es zu beten.

13. SEPTEMBER

Die nächste Erscheinung fand, so berichtete es Lúcia, wie angekündigt am 13. September und wieder in der Cova da Iria statt. Zwei Tage später wurde das Mädchen darüber von Pfarrer Marques Ferreira befragt.[90] Dabei erzählte Lúcia, die gleiche weiß gekleidete Frau gesehen zu haben, die sie auch die anderen Male gesehen hatte. Sie gab jedoch ebenfalls an, wenig mehr als ihr Gesicht gesehen zu haben, in das sie ununterbrochen gesehen habe, um zu verstehen, was die Frau sagte. Wieder habe es geblitzt, ehe die Frau von Osten zu der Steineiche gekommen sei. Lúcia habe gefragt:

- Was möchten Sie?
- Ich möchte dir sagen, weiterhin den Rosenkranz zu Unserer Lieben Frau vom Rosenkranz zu beten, dass sie den Krieg mildert, denn der Krieg geht bald zu Ende. Am letzten Tag wird der Heilige Josef kommen, der Welt Frieden zu geben, und Unser Herr, das Volk zu segnen; komm am 13. Oktober hierher.
- Hier ist dieser Junge, der stumm und schwerhörig ist. Wenn Sie ihn heilen könnten.
- In einem Jahr wird es ihm schon besser gehen.
- Ich habe hier viele Bitten, einige um sie zu heilen, andere um sie zu bessern.
- Einige heile ich, andere nicht, denn Unser Herr möchte nicht an sie glauben.
- Die Bevölkerung hätte hier gerne eine Kapelle.

90 DCFS, Doc. 8.

- Mit der Hälfte des Geldes, das ihr bisher angesammelt habt, macht die Prozessionstragen und gebt sie Unserer Lieben Frau vom Rosenkranz. Die andere Hälfte soll eine Hilfe für die Kapelle sein.

Dann habe Lúcia der Frau zwei Briefe[91] und ein Glas mit Duftwasser gereicht und gesagt:

- Man gab mir dies, wenn Sie es möchten.
- Das ist nicht für den Himmel dort geeignet.

Anschließend sei die Erscheinung Richtung Osten verschwunden und Lúcia habe zu den Anwesenden gesagt, sie sollten sich dorthin wenden, wenn sie sie sehen wollten.

An diesem 13. September hatten sich viele tausend Leute am Ort der Erscheinung eingefunden, die zeitgenössischen Schätzungen reichen von 25.000 bis 50.000. Die überlieferten Berichte über die Ereignisse sind sehr unterschiedlich.[92] Carlos de Azevedo Mendes, der sechs Tage nach seinem Besuch bei den Kindern in Aljustrel nun zur Cova da Iria gekommen war, schrieb später seinem Bruder:

> Ich sah nichts und fühlte nichts!... Ich war enttäuscht und zu dieser Zeit hätte ich beinahe alles als Betrügerei abgestempelt![93]

Auch der Vater von Francisco und Jacinta war vor Ort und berichtete:

> Ich habe nichts gesehen und nichts gehört, aber man sagte, einige Leute haben außergewöhnliche Dinge in der Luft gesehen.[94]

Der Medizinstudent José Perreira Gens, später als Arzt verantwortlich für die Verifizierung angeblicher Wunderheilungen in Fátima[95], berichtete:

91 *Cartas* bedeutet Briefe oder (Spiel-)Karten.

92 Vgl. hierzu besonders Carvalho: Fátima, S. 54-59.

93 Vgl. Carvalho: Fátima, S. 54 mit Verweis auf DCFI, Doc. 56. Azevedo Mendes entwickelte sich in Kürze dennoch zu einem glühenden Anhänger des Fátima-Kults.

94 Vgl. Carvalho: Fátima, S. 55 mit Verweis auf DCFII, Doc. 4.

95 Vgl. dazu unten den Absatz über die Wunderheilungen.

> Ich blickte nach oben und sah in der angezeigten Richtung deutlich ein leuchtendes Objekt, das sich nach Osten entfernte. Meine Augen sahen keine leuchtende Kugel, aber ein Objekt, höher als breit und tatsächlich leuchtend, das sich ruhig und mit einer gewissen Geschwindigkeit fortbewegte, bis ich es schließlich am Horizont ganz aus dem Blick verlor.[96]

Andere Zeugen berichteten, ähnliches gesehen oder davon erzählt bekommen zu haben.

Nach der Befragung durch Pfarrer Marques Ferreira verbrachten Lúcia und Jacinta – Francisco wurde für die Feldarbeit gebraucht und von seinen Eltern nicht weggelassen – auf Einladung eines begeisterten Ehepaares einige Tage in dessen Haus im fünfzehn Kilometer entfernten Reixida. Auch hier wurden sie über die Ereignisse ausgefragt und Maria do Carmo da Cruz Meneses, so hieß die Gastgeberin, erzählte später, dass Jacinta dabei stets sehr verschlossen gewesen sei: „Nie sah ich Jacinta irgendeine Antwort über die Dinge geben, denen sie seit der ersten Erscheinung beigewohnt hatten". Das Mädchen habe wenig gesagt, stattdessen stets auf ihre Cousine Lúcia verwiesen und erklärt: „Die erinnert sich besser."[97] Dort in Reixida sprach auch der Pfarrer António dos Santos Alves mit Lúcia und Jacinta, worüber er anschließend eine Aufzeichnung anfertigte, die er später um die Ereignisse des folgenden 13. Oktobers ergänzte.[98]

◆

Nach eigener Aussage „gänzlich enttäuscht"[99] von den Ereignissen am 13. September war der 34jährige Priester Manuel Nunes Formigão, der an

96 Vgl. Carvalho: Fátima, S. 56 mit Verweis auf José Perreira Gens: Fátima Como Eu a Vi e Como a Sinto, Leiria 1967, S. 15/16.

97 Vgl. Carvalho: Fátima, S. 60 mit Verweis auf Alfredo de Matos: 8 Dias com as Videntes da Cova da Iria em 1917, o. O. 1968, S. 39.

98 DCFS, Doc. 9.

99 Vgl. Carvalho: Fátima, S. 55 mit Verweis auf Joaquim Maria Alonso: O Dr. Formigão, Homem de Deus e Apóstolo de Fátima, Fátima 1979, S. 33.

diesem Tag zum ersten Mal zur Cova da Iria gekommen war.[100] Dennoch sollte es nicht das letzte Mal gewesen sein. Denn war dieser erste Besuch noch rein privat gewesen, wurde Formigão schon kurz darauf vom Erzbischof von Mitilene[101], dem Vertreter des gerade verbannten Patriarchen von Lissabon, wieder nach Fátima geschickt, um dort „soweit möglich alles zu notieren, das würdig ist, festgehalten zu werden“[102]. Formigão war ein großer Anhänger des in Lourdes praktizierten Marienkults, wo er einst, wie er Jahre später dem Kardinalpatriarch von Lissabon schrieb, Unsere Liebe Frau von Lourdes um die „Gnade gebeten [hat], einer der brennendsten Verbreiter ihres Kultes in Portugal zu werden“. Später jedoch, so schrieb er weiter, fühlte er, es sei seine Pflicht, „die Stellung von Lourdes durch die von Fátima zu ersetzen. Ich wusste sicher, dass das der Wunsch Unserer Lieben Frau war“.[103] – Schon bald nach dem für ihn enttäuschenden 13. September 1917 sollte Formigão zum entschiedenen Vorkämpfer des Kultes von Fátima werden und die weitere Entwicklung der Ereignisse und des Ortes maßgeblich gestalten.

Am 27. September reiste Formigão nach Fátima und von dort sogleich weiter nach Aljustrel, wo er das Haus von Lúcias Familie aufsuchte, das er in seinen anschließend angefertigten Aufzeichnungen ebenso wie das der

---

100 Manuel Nunes Formigão Júnior wurde 1883 in Tomar (ca. 25 Kilometer östlich von Fátima) in einfachen Verhältnissen geboren. Nachdem er das Seminar von Santarém besucht hatte, studierte er an der Gregorianischen Universität in Rom. 1908 wurde er zum Priester geweiht und 1909 zum Doktor der Theologie und des Kirchenrechts promoviert. Anschließend verbrachte er einige Zeit am Heiligtum von Lourdes, wo er unter anderem als Krankenpfleger tätig war. Noch 1909 kehrte er dann als Professor für Theologie ans Seminar von Santarém zurück. Die Stadt wurde bald zu einer Hochburg des konservativen Katholizismus und seines Wirkens zur Stärkung katholischer Einflüsse im gesellschaftlichen und politischen Leben des Landes. Formigãos Einsatz für das Heiligtum von Fátima brachte ihm die Beinamen „Apostel von Fátima“ und „vierter Hirte“ ein. Er starb 1958 in Fátima. 2018 wurde der Prozess zur Seligsprechung Formigãos eröffnet. Vgl. zu Leben und Wirken Formigãos besonders Torgal: Sol, S. 149-157.

101 João Evangelista de Lima Vidal. »Erzbischof von Mitilene« ist ein Ehrentitel des Generalvikars des Patriarchats von Lissabon.

102 So schrieb Formigão es im November 1920 an den Bischof von Leiria. DCFS, Doc. 60.

103 Vgl. Carvalho: Fátima, S. 62 mit Verweis auf Alonso: Formigão, S. 96/97.

Familie Marto „bescheiden“ nennt.[104] Dort traf er zunächst nur Maria Rosa, die Mutter Lúcias an, „Typ christliche Frau und gute Hausfrau, die stets versucht, in ihren Kindern heilige Gottesfurcht zu erwecken und sie zur Erfüllung aller ihrer moralischen und religiösen Pflichten anhält“. Dann erschienen Francisco und Jacinta. Das Mädchen antwortete „einsilbig“ und „fast nicht wahrnehmbar“ auf Formigãos Fragen, während ihr Bruder unbeschwerter war und im folgenden kurzen Gespräch erklärte, dass Unsere Liebe Frau[105] zügig von Osten zur Steineiche komme und dass er selber nicht höre, was die Frau sagt, sie auch nie etwas gefragt habe und dass die Frau nur mit Lúcia spreche und dabei alle drei Kinder ansehe, aber mehr zu Lúcia schaue.

Jacinta erzählte anschließend, dass die Jungfrau vom Himmel komme, von der Seite der Sonne. Und befragt über die Kleidung sagte sie, die Erscheinung trage ein weißes, mit Gold geschmücktes Kleid und auf dem Kopf einen ebenfalls weißen Umhang, um die Taille eine goldene Schnur, die bis zum Saum des Kleides hinunterreicht. Sie trage keine Schuhe, aber vielleicht Strümpfe, oder die Füße seien so weiß, dass es so scheint als trüge sie Strümpfe. Die Haare und deren Farbe sehe man nicht, weil sie den Umhang anhabe. Auch sehe man die Ohren nicht, weswegen Jacinta nicht sagen könne, ob die Frau Ohrringe trage. Die Hände halte sie vor der Brust, mit den Fingern nach oben zeigend. Die Frage, in welcher Hand sie den Rosenkranz halte, brachte Jacinta ins Stocken. Dann antwortete sie zunächst, es sei die rechte Hand, konnte dann aber, verwirrt vom Nachhaken Formigãos, nicht sagen, in welcher Hand die Frau den Rosenkranz hält. Auf die abschließenden Fragen antwortete Jacinta, dass die Frau sie aufgefordert habe, täglich den Rosenkranz zu beten und dass sie, Jacinta, dies auch täglich mit Francisco und Lúcia tue.

---

104 DCFS, Doc. 10.

105 Möglicherweise wurde die Erscheinung hier erstmals bei einer Befragung Unsere Liebe Frau (*Nossa Senhora*) und nicht einfach nur Frau (*Senhora*) genannt.

Eine halbe Stunde später kam Lúcia nach Hause und sprach bereitwillig mit dem Besucher. Darauf angesprochen, dass man sich erzählte, die Frau sei ihr bereits im Vorjahr erschienen, entgegnete Lúcia, dass sie ihr vor Mai dieses Jahres nie erschienen sei und dass sie dies auch niemandem gegenüber behauptet habe, denn es wäre nicht richtig. Im weiteren Verlauf der Befragung erklärte sie, nicht zu wissen, woher die Erscheinung komme, da sie sie nicht kommen sehe. Sie tauche auf der Steineiche auf und ziehe sich am Ende Richtung Osten zurück. Die Frau trage ein weißes Kleid, dass ein bisschen tiefer als zur Hälfte der Beine reiche, ihr Kopf sei mit einem Umhang von gleicher Farbe wie das Kleid bedeckt. An der Vorderseite des Kleids sehe man zwei goldene Schnüre, die vom Hals herunterführten und auf Höhe der Körpermitte zu einer ebenfalls goldenen Quaste zusammenlaufen. Sie trage keinen Gürtel oder Band, aber kleine gelbe Ohrringe, den Rosenkranz halte sie in der rechten Hand. Die Erscheinung lächele nicht, zeige sich auch nicht traurig, aber ernst und sie habe den drei Hirtenkindern gesagt, sie sollen den Rosenkranz zu Unserer Lieben Frau vom Rosenkranz beten, damit Frieden in der Welt werde. Lúcia bestätigte, dass die Erscheinung ihr ein Geheimnis anvertraut und verboten habe, es irgendjemandem zu verraten. Bei ihrem zweiten Erscheinen soll die Frau gesagt haben, Lúcia solle lesen lernen. Weiter erklärte Lúcia, dass die Frau nie gesagt habe, die drei Kinder im Oktober in den Himmel zu bringen und dass sie, Lúcia das auch nie behauptet habe. Das Geld, das die Leute in der Cova da Iria hinterlassen, solle in zwei Prozessionstragen gelegt werden. Eine davon sollen Lúcia, Jacinta und zwei andere Mädchen, die andere Francisco und drei weitere Jungen in die Pfarrkirche bringen. Ein Teil des Geldes sei für die Verehrung und das Fest von Unserer Lieben Frau vom Rosenkranz bestimmt, und der andere Teil als Hilfe für eine neue Kapelle. Wo die Kapelle errichtet werden solle, habe die Frau nicht gesagt. Für den 13. Oktober habe sie das Erscheinen des Heiligen Josef mit dem Jesuskind angekündigt und dass der Welt Frieden zuteil werde. Auch werde sie machen, dass das ganze Volk glaubt, dass sie wirklich erscheint. Lúcia neige vor der Frau den Kopf, weil diese manchmal blende. Auch sagte Lúcia das Gebet auf, dass die Frau den Kindern beigebracht hatte, wovon schon Azevedo Mendes in dem Brief an seine Verlobte geschrieben hatte.

Formigão beendete seine Aufzeichnungen mit einer persönlichen Einschätzung:

> Aus den Antworten der Kinder und mehr noch ihrer Haltung und ihrem Handeln unter all den Umständen, in denen sie sich befinden, resultiert mit einer Klarheit, die jeden Zweifel auszuschließen scheint, ihre vollkommene und absolute Ehrlichkeit.

Der Geistliche zweifelte also nicht an der Aufrichtigkeit der Kinder, aber durchaus noch an der Wahrhaftigkeit der Erscheinungen Unserer Lieben Frau. Besonders die Länge des Rocks ließ ihn Diabolisches fürchten:

> Soll es der nicht seltene Fall eines teuflischen Eingriffs sein? Der Engel der Finsternis verwandelt sich manchmal in einen Engel des Lichts, um die Gläubigen zu täuschen. Wird sich dies herausstellen? Jacinta behauptet, das Kleid der Frau reiche nur bis zum Knie. Lúcia und Francisco erklären, es reiche bis nahe der Knöchel. Sind die Kinder, vor allem die Jüngste, in diesem Punkt verwirrt? Falls nicht, ist dieser Punkt schwierig zu erklären und zu lösen. Unsere Liebe Frau kann selbstverständlich nicht anders als höchst anständig und sittsam gekleidet erscheinen. Das Kleid muss bis nahe der Füße reichen. Das Gegenteil, lassen wir einmal die Möglichkeit eines Irrtums der Kinder beiseite, der übrigens vorstellbar ist, denn sie könnten es nicht richtig bemerkt haben, die Kleidung der Erscheinung nicht vollkommen betrachtet haben, umso mehr, weil sie nicht die Gabe der Unfehlbarkeit besitzen, das Gegenteil, sage ich, stellt die größte Schwierigkeit dar, die sich der Übernatürlichkeit der Erscheinung entgegenstellt

> und im Geiste die Angst erzeugt, dass es sich um eine vom Geist der Finsternis vorbereitete Irreführung handelt.

Die Möglichkeit teuflischen Wirkens wollte Formigão verwerfen, die Ereignisse von Fátima aber auch noch nicht zu Gottes Werk erklären, da die Kirche und eine entsprechende Untersuchungskommission sich noch nicht eingeschaltet hatten. Er schließt:

> Am kommenden 13. Oktober wird entweder alles wie ein Zauber auseinanderfallen oder neue, gänzlich schlüssige Beweise werden die bestätigen, die schon zugunsten der Echtheit der Erscheinungen der Jungfrau existieren.

13. Oktober

Am 11. Oktober stattete Formigão Lúcia einen erneuten Besuch ab. Schon am 10. Oktober war er in die Gegend gereist und hatte die Nacht in Montelo nahe Fátima im Hause einer Familie Gonçalves, „hoch geschätzt für ihre Ehrlichkeit und ihre religiöse Gesinnung", verbracht.[106] Formigão trat die Reise an, „überzeugt von der absoluten Ehrlichkeit der drei Kinder". Und er schrieb weiter: „In meinem Geist setzte sich immer stärker die Überzeugung fest, dass Fátima der von der Königin des Himmels, der Schutzheiligen Portugals, erwählte Ort sei, als Schauplatz neuer Wundertaten ihrer Güte und Barmherzigkeit."
Am zweiten Tag der Reise, dem 11. Oktober, befragte der Geistliche, bevor er nach Aljustrel aufbrach, Manuel Gonçalves Júnior, „30 Jahre alt, verhei-

106 Vgl. hierzu und zum Folgenden die Aufzeichnungen Formigãos über die Reise und die Befragung Lúcias: DCFS, Doc. 11. Die Gespräche mit Manuel Gonçalves Júnior, Lúcias Mutter Maria Rosa und Lúcia selbst führte Formigão am 11. Oktober. Die Aufzeichnungen aber fertigte er erst später, nach den Ereignissen des 13. Oktober an, vgl. dazu ebd., Anm. 1.
Möglicherweise dachte Formigão an diesen Besuch zurück, als er sich wenig später für seine Fátima verherrlichenden Artikel das Pseudonym Visconde de Montelo zulegte.

ratet, Sohn meiner Gastgeber, intelligenter Mann, ausgestattet mit gutem Verstand und außergewöhnlicher Beobachtungsgabe"[107]. Gonçalves Júnior erklärte in dem Gespräch unter anderem, Jacintas und Franciscos Eltern seien sehr gute Leute, tief religiös und von allen geschätzt. Der Vater gelte gar als verlässlichster Mann des Ortes, unfähig jemanden zu belügen. Lúcias Vater hingegen betrinke sich manchmal und gehe selten in die Kirche, sei aber dennoch nicht von schlechter Gesinnung. Lúcias Mutter sei eine ehrliche, religiöse und arbeitliebende Frau. Auch seien die beiden Familien nicht arm, sondern sogar wohlhabend. Und wenn Lúcias Familie schon nicht mehr wohlhabend sei, dann weil der Vater sich regelmäßig betrinke und seinen Besitz vernachlässige.[108]

In Aljustrel dann traf Formigão Lúcia, die sogleich um seinen Segen bat, zu Hause an, wo er zuerst mit ihrer Mutter sprach. Diese erklärte dabei, von der Erscheinung erst von der Familie der anderen Kinder erfahren zu haben, da Lúcia den anderen beiden geraten habe, nichts zu erzählen, damit niemand mit ihnen schimpfe. Lúcia selbst habe ihrer Mutter erst davon erzählt, als diese sie darüber befragte. Weiter erklärte Lúcias Mutter, die kleinen Herden, die die Kinder hüten, gehören ihren jeweiligen Familien und die Schafe, die Lúcia gehütet habe, habe sie, Maria Rosa, bereits verkauft. Auch seien die Kinder ab dem Tag der zweiten Erscheinung immer gut gekleidet in die Cova da Iria gegangen.

Für die anschließende Befragung Lúcias holte Formigão vier Zeugen, „jeden Vertrauens würdig", hinzu, darunter Lúcias Taufpaten. Lúcia erklärte

107 Dieser Manuel Gonçalves Júnior sagte später, am 31. Dezember 1918, gegenüber dem Pfarrer von Fátima als Zeuge über die Ereignisse vom 13. Oktober 1917 aus, DCFS, Doc. 40.

108 „Wohlhabend" darf hier nicht etwa mit „reich" gleichgesetzt werden. Gemeint ist eher, dass die Familien alles hatten, was sie zum Leben und ihrer dem zugrunde liegenden von niemandem abhängigen Vieh- und Landwirtschaft brauchten. Dies alles war besonders in den Hungerjahren des Ersten Weltkriegs viel wert. Und wenn Gonçalves Júnior zunächst in milder Wortwahl sagt, Lúcias Vater betrinke sich manchmal, so ist das vermutlich darauf zurückzuführen, dass er ihm nichts Böses will und versucht, diplomatisch von ihm zu sprechen. Erst später nennt er die Trunkenheit „regelmäßig" als Erklärung für die angebliche Vernachlässigung des Familienbesitzes.

nun, sich nicht sicher zu sein, aber doch zu glauben, dass Unsere Liebe Frau sich wünsche, die Kapelle solle in der Cova da Iria errichtet werden und dass sie gesagt habe, ein Wunder zu tun, damit das Volk glaube, dass sie erscheine. Dies habe Unsere Liebe Frau einige Male gesagt, aber Lúcia habe nur bei der ersten Erscheinung danach gefragt. Lúcia sagte weiter, sie habe Unsere Liebe Frau nicht sich bekreuzigen oder beten gesehen, sei von ihr aber einige Male dazu aufgefordert worden, wobei die Erscheinung nie gesagt habe, dass dies für die Bekehrung der Sünder sei, sondern nur, sie, Lúcia, solle zu Unserer Lieben Frau vom Rosenkranz beten, damit der Krieg ende. Die Dinge, die andere Personen nach eigener Aussage gesehen haben – ein Stern oder Rosen, die vom Kleid der Frau gefallen seien – habe sie nie gesehen, auch weder Getöse noch Donnern oder eine Erderschütterung wahrgenommen. Weiter erklärte Lúcia, das Volk aus eigenem Willen zum Niederknien aufzufordern und nicht weil Unsere Liebe Frau es befehle. Die Erscheinung sei ungefähr fünfzehn Jahre alt und habe Lúcia nie mit einer Hand- oder Kopfbewegung begrüßt, auch lächele sie niemals und schaue nie zu der versammelten Menschenmenge. Weiter bestätigte Lúcia, von ihrer Mutter die Geschichte von der Erscheinung von La Salette aus dem Buch »Missão abreviada« gehört, jedoch nicht weiter an die Geschichte gedacht oder mit anderen darüber gesprochen zu haben.
Nach der Befragung Lúcias begab sich Formigão zum Haus der Familie Marto, um auch Jacinta und Francisco nochmal zu befragen. Jacinta erzählte ihm dabei unter anderem, dass auch sie das Geheimnis, das die Erscheinung den Kindern anvertraut habe, gehört habe und dass es gut für die drei Kinder sei, sie es aber nicht verraten dürfe. Auch wäre die Bevölkerung traurig, würde sie das Geheimnis erfahren. Diesen letzten Punkt bestätigte anschließend auch Francisco.

Zwei Tage später, am Samstag dem 13. Oktober, kam dann der Tag, den die Frau für ihr neuerliches – und letztes – Erscheinen angekündigt hatte und an dem ein Wunder den Menschen ihre Wahrhaftigkeit beweisen sollte. Am 16. Oktober wurde Lúcia wie schon in den Monaten zuvor wieder vom Pfarrer Marques Ferreira zu den jüngsten Ereignissen befragt.[109] Lúcia sagte da, sie habe wie immer einen Blitz gesehen und daraufhin der Menschenmenge gesagt, still zu sein. Dann habe sie sich nach Osten gewandt und Unsere Liebe Frau durch die Luft herniederkommen sehen. Da habe sie die Menge erneut aufgefordert, still zu sein und zu der ankommenden Erscheinung zu blicken. Unsere Liebe Frau habe über den Rosen und Seidenbändern verharrt, mit denen die Zweige der Steineiche geschmückt gewesen waren. Das Gespräch mit der Erscheinung gab Lúcia laut den Aufzeichnungen folgendermaßen wieder:

Ich fragte

- Was möchten Sie von mir?
- Ich möchte dir sagen, nicht länger Unseren Herrn zu beleidigen[110], dass ihr den Rosenkranz zu Unserer Lieben Frau vom Rosenkranz beten sollt; macht hier eine Kapelle für Unsere Liebe Frau vom Rosenkranz[111]; der Krieg endet noch heute, erwartet hier in Kürze eure Militärs.[112]
- Ich habe hier viele Bitten, können Sie sie mir wohl alle erledigen oder nicht?
- Einige werde ich erledigen, andere nicht.
- Möchten Sie sonst noch etwas von mir?
- Ich möchte nichts weiter.

Dann sei die Erscheinung auf demselben Weg verschwunden, auf dem sie gekommen war, worauf Lúcia die Menge aufmerksam gemacht habe. Anschließend habe sie zur Sonne gesehen und links davon den heiligen Josef

109 DCFS, Doc. 14.

110 In der ersten Version der Aufzeichnung steht das Verb beleidigen in der 2. Person Singular, in einer späteren Fassung dann in der 2. bzw. 3. Person Plural, die im Portugiesischen identisch sind.

111 Hier war Lúcia nicht sicher, ob die Erscheinung es so sagte oder: Macht hier eine Kapelle, ich bin Unsere Liebe Frau vom Rosenkranz.

112 An dieser Stelle ist in den Aufzeichnungen vermerkt, dass Unsere Liebe Frau all das als Antwort auf Lúcias erste Frage gesagt habe.

und das Jesuskind erblickt. Josef, den sie nur von der Hüfte aufwärts gesehen habe, sei weiß gekleidet gewesen. Das rot gekleidete Jesuskind sei ganz zu sehen gewesen und habe sich auf Josefs linkem Arm befunden. Mit dem rechten habe Josef drei oder vier Kreuzzeichen gemacht, ehe er verschwand. Dann sei alles gelb geworden und rechts der Sonne Gott erschienen, von dem Lúcia aber nur den mit einem weißen Mantel bekleideten Oberkörper und einen kurzen Bart gesehen habe. Rechts von Gott sei dann eine stehende Frau erschienen. Beide, Gott und die Frau, haben einen Heiligenschein gehabt. Die Frau sei weiß gekleidet und in einen über den Kopf gehenden Mantel gehüllt gewesen. Ihre Hände habe sie übereinander vor der Brust gehalten, mit den Handflächen zum Körper. Ihr Rock sei weiß gewesen und habe bis zu den Füßen gereicht. Der weiße Rock und die weiße Jacke seien Lúcia nicht goldverziert vorgekommen, sie habe die Erscheinung aber nicht so gut sehen können wie die über der Steineiche. Dann sei die Frau verschwunden und eine andere neben Josef erschienen, ebenfalls rechts der Sonne. Diese sei ganz in rot gekleidet und ihr Mantel am Hals blau gesäumt gewesen, auch sie habe einen Heiligenschein gehabt. Dann seien Josef und die Frau verschwunden und in diesem Moment habe die Menge geschrien: „Schaut! Schaut! So schön!"
An dieser Stelle der Befragung kam Lúcia noch einmal auf die erste Erscheinung des Tages zu sprechen. Die Frau über der Steineiche sei weiß gekleidet gewesen, genau wie die anderen Male. Sie, Lúcia, habe weder mehr noch weniger gesehen; der Rock sei, so glaube sie, kurz wie die anderen Male gewesen. Die Erscheinung habe gesagt, dass das Geld für eine Kapelle sei, aber nicht alles, denn ein Teil solle für die Prozessionstragen sein; sie sagte, sie habe keine Idee, wer die Kapelle machen oder die Leitung übernehmen solle.[113]

Hier enden die Aufzeichnungen der Befragung durch den Pfarrer. Doch erst im Anschluss an die von Lúcia geschilderten Momente geschah laut

113 Dem Kontext der Aufzeichnung zufolge muss hier die Erscheinung gemeint sein, nicht Lúcia.

Überlieferung jenes „Sonnenwunder", das bis heute einer der wichtigsten Bestandteile der weit verbreiteten Faszination für Fátima darstellt. Verschiedenen Berichten zufolge hatten sich an diesem 13. Oktober 1917 30.000 bis 40.000 Menschen in der Cova da Iria versammelt, aus Neugier, Schaulust oder tiefem Glauben. Was an diesem Tag passiert sein soll, brachte noch am gleichen Abend Manuel Pereira da Silva, Pfarrer von Monte Redondo nahe Fátima, in einem Brief an einen befreundeten Pfarrer zu Papier.[114] Er berichtete, die Hirtenkinder seien gegen Mittag gekommen und haben wie üblich den Rosenkranz gebetet. Dann

> fragten die Kleinen Unsere Liebe Frau vom Rosenkranz, ob sie das versprochene Zeichen gebe. Sogleich erschien die Sonne klar umrissen. Sie nähert sich den Wolken und beginnt sich schwindelerregend wie ein befestigtes Feuerrad zu drehen, mit einigen Unterbrechungen über acht Minuten lang. Es war fast ganz dunkel geworden und die Gestalt eines jeden wurde gelblich. Alle knieten nieder, sogar im Schlamm.

In der Cova da Iria hatte sich auch der Journalist Avelino de Almeida befunden. Gemeinsam mit dem Fotografen Judah Bento Ruah war er im Auftrag der gemäßigten republikanischen Zeitung »O Século« dort gewesen, um über die Ereignisse zu berichten. Der 1873 geborene Almeida war ein ehemaliger Seminarist, der sich dann von der Kirche abgewandt hatte und als Journalist für verschiedene republikanische Blätter arbeitete. Sein am 15. Oktober in »O Século« erschienener Artikel ist die bis heute wohl am meisten beachtete Schilderung der Ereignisse jenes 13. Oktober und wird nicht zuletzt wegen Almeidas Vita, die ihn eben nicht mehr als Freund der Kirche auswies, besonders von den Verteidigern Fátimas als Beweis der Wahrhaftigkeit der überlieferten Ereignisse angeführt. Darin heißt es:

114 DCFS, Doc. 12.

13.10.1917

ERSTAUNLICHE DINGE!
WIE DIE SONNE AM MITTAG
IN FÁTIMA TANZTE

Die Erscheinungen der Jungfrau – Woraus bestand das Zeichen des Himmels – Viele tausend Personen bezeugen, dass sich ein Wunder ereignet hat – Der Krieg und der Frieden

(...)

Die Sonne geht auf, aber das Ansehen des Himmels lässt Sturm befürchten. Die dunklen Wolken erheben sich genau über die Gegend von Fátima. Aber nichts hält diejenigen auf, die auf allen Wegen und mit allen möglichen Fortbewegungsmitteln dort zusammengeströmt sind. Die luxuriösen Automobile gleiten rasend und hupend; die Ochsenkarren kriechen langsam auf einer Seite der Straße; die Galeras, die Viktorias, die geschlossenen Kaleschen[115], die Fuhrwerke mit improvisierten Sitzen, von denen so viele aneinandergekoppelt fahren, dass mehr nicht mehr ging. Fast alle bringen mehr oder weniger bescheidene Wegzehrung mit (...) Das ein oder andere Glöckchen klingelt, man sieht einen mit Buchs geschmückten Karren, aber die festliche Stimmung ist diskret. Das Auftreten ist ruhig und die Ordnung absolut... Esel trotten gemächlich am Straßenrand und die zahlreichen Fahrradfahrer vollbringen Wundertaten, um nicht mit den Autos zusammenzustoßen.

Gegen zehn Uhr bedeckt sich der Himmel vollständig und es dauert nicht lange, bis es anständig regnet. Die von einem starken Wind verwehten Wasserfäden peitschen die Gesichter, durchnässen den Makadam und dringen den Wanderern ohne Hut[116] oder irgendeinen anderen Schutz bis auf die Knochen. Aber nie-

115 Galera, Viktoria, Kalesche bezeichnen Kutschentypen.

116 *Chapéu.* Das Wort kann auch Schirm bedeuten.

mand verliert die Geduld oder lässt davon ab, weiterzugehen. Und wenn einige unter den Bäumen, an den Mauern der Landhäuser oder an den entfernten Häusern, die entlang des Weges liegen, Schutz suchen, setzen andere ihren Marsch mit beeindruckender Ausdauer fort, einige Frauen fallen auf, deren durch die Wucht und die Hartnäckigkeit des Regens an den Körpern klebende Kleider ihre Formen nachzeichnen, als seien sie gerade aus dem Bade gekommen.

***

Die Stelle der Heide von Fátima, von der es heißt, dass die Jungfrau den Hirten aus dem Dorfe Aljustrel erschienen sei, wird in einer enormen Weite von der Straße dominiert, die nach Leiria führt und an der entlang die Fahrzeuge geparkt sind, die die Pilger und Beobachter dorthin gebracht haben.

Jemand hat mehr als hundert Automobile gezählt und mehr als hundert Fahrräder und es wäre unmöglich gewesen, die verschiedenen Autos zu zählen, die die Straße versperrten, eines davon der Auto-Omnibus von Torres Novas, in dem sich Personen aller sozialen Schichten verbrüderten.

Aber der Großteil der Pilger, tausende von Geschöpfen, die aus einem Umkreis von vielen Meilen gekommen sind und zu denen sich Gläubige aus den verschiedenen Provinzen, Bewohner des Alentejo und des Algarve, des Minho und der Beira gesellt haben, versammeln sich um die kleine Eiche, die laut den Erzählungen der Hirtenkinder die Erscheinung als ihr Podest gewählt hat, und die man als Zentrum eines weiten Kreises bezeichnen kann, an dessen Rand andere Zuschauer und andere Gläubige sich niederlassen. Von der Straße aus betrachtet ist das Ganze einfach fantastisch. Viele der von ihren großen Hüten beschirmten bedächtigen Bauern begleiten die äußeren Kreise mit dem geistlichen Kondukt von heiligen Gesängen und hunderten von Rosenkränzen. Niemand hat Angst davor, seine Füße in dem aufgeweichten Lehm zu versenken, um das Glück zu haben, aus der Nähe die Eiche zu sehen, über der ein grober Portikus errichtet worden war, in dem zwei Laternen schaukelten. Wechselnde Gruppen sangen Loblieder auf die Jungfrau (...)

Und die Hirtenkinder? Lúcia, 10 Jahre alt, die Seherin, und ihre kleinen Begleiter Francisco, 9 Jahre, und Jacinta, 7 Jahre, sind noch nicht angekommen. Sie kommen vielleicht eine halbe Stunde vor der für die Erscheinung angegebenen Zeit. Die Mädchen begeben sich, gekrönt mit Blumengebinden, an die Stelle, an der man den Portikus errichtet hat. Der Regen fällt unaufhörlich, aber niemand verliert den Mut. Auf der Straße kommen Autos mit Verspäteten. Gruppen von Gläubigen knien im Schlamm und Lúcia bittet sie, ordnet an, die Schirme zu schließen. Die Anweisung wird weitergegeben und umgehend ohne das geringste Zögern befolgt. Da sind Leute, viele Leute wie in Ekstase; ergriffene Leute, auf deren Lippen das Gebet erstarrt war; erstaunte Leute mit gefalteten Händen und kullernden Augen; Leute, die das Übernatürliche zu fühlen, zu berühren scheinen... Das Kind erklärt, dass die Jungfrau erneut zu ihr gesprochen hat, und der noch finstere Himmel beginnt plötzlich, sich in der Höhe aufzuklaren; der Regen hört auf und man fühlt, dass die Sonne die Landschaft, die der winterliche Morgen noch trauriger gemacht hat, mit Licht überfluten wird...

(...) Die wunderbare Erscheinung, das angekündigte sichtbare Zeichen ist im Begriff zu geschehen – versichern viele Pilger... Und nun wohnt man einem Spektakel bei, das einzigartig ist und unglaublich für die, die nicht seine Augenzeugen wurden. Von der Kuppe der Straße, wo sich die Autos sammeln und viele hundert Personen geblieben waren, denen es nicht wert war, sich auf die schlammige Erde zu begeben, sieht man die gesamte immense

Menschenmenge sich der Sonne zuwenden, die sich am Zenit frei von Wolken zeigt. Der Stern erinnert an eine Platte aus mattem Silber und man kann die Scheibe ohne die geringste Anstrengung anstarren. Sie brennt nicht, blendet nicht. Man würde sagen, es fände eine Sonnenfinsternis statt. Aber da erhebt sich ein kolossaler Lärm und die Zuschauer, die sich näher dran befinden, hört man schreien: – Wunder, Wunder![117]

In den begeisterten Blicken dieses Volks, dessen Gesinnung uns in biblische Zeiten versetzt und das blass vor Verblüffung mit entblößtem Kopf das Blau betrachtet, bebte die Sonne, machte nie gesehene Bewegungen außerhalb aller kosmischer Regeln – die Sonne „tanzte" laut der typischen Ausdrucksweise der Landbevölkerung.

Auf dem Trittbrett des Auto-Omnibus von Torres Novas rezitiert ein Greis, dessen Statur und Aussehen, gleichzeitig sanft und energisch, an Paul Déroulède[118] erinnern, der Sonne zugewandt und mit wehklagender Stimme des Credo von Anfang bis Ende. (...). Ich sehe ihn anschließend, wie er sich den Leuten in seiner Nähe zuwendet, die den Hut auf dem Kopf gelassen haben, sie inständig bittend, die Kopfbedeckung angesichts einer derart außergewöhnlichen Demonstration der Existenz Gottes abzunehmen. Identische Szenen wiederholen sich an anderen Stellen und eine Frau ruft, von schmerzlichem Leid gebadet, beinahe erstickend:

– Welch ein Jammer! Es gibt noch Menschen, die sich im Angesicht eines so außerordentlichen Wunders nicht den Kopf entblößen!

Und dann fragen sie sich gegenseitig, ob sie gesehen haben, was sie gesehen haben. Der größte Teil gibt zu, das Zittern gesehen zu

117 Im Originaltext: *Milagre, milagre! Maravilha, maravilha!*

118 Paul Déroulède war ein 1914 gestorbener französischer Schriftsteller und Politiker.

haben, das Tanzen der Sonne; andere hingegen erklären, das strahlende Gesicht der Jungfrau selbst gesehen zu haben, schwören, dass die Sonne sich wie ein Feuerrad beim Feuerwerk um sich selbst drehte, dass sie soweit hinunterkam, dass sie beinahe mit ihren Strahlen die Erde verbrannte... Es gibt Leute, die sagen, dass sie gesehen haben, wie sie nach und nach die Farbe wechselte...

***

Es ist fast fünfzehn Uhr.

Der Himmel ist völlig wolkenfrei und die Sonne folgt ihrem Lauf mit dem gewöhnlichen Glanz, in den niemand wagt hineinzublicken. Und die Hirtenkinder? Lúcia, die, die mit der Jungfrau spricht, verkündet mit theatralischer Gebärde auf dem Arm eines Mannes, der sie von Gruppe zu Gruppe trägt, dass der Krieg zu Ende sei und unsere Soldaten heimkehren würden... Derartige Neuigkeit jedoch verstärkt nicht den Jubel derer, die sie hören. Das himmlische Signal war alles. Es besteht eine große Neugier, die zwei kleinen Mädchen mit ihren Gebinden aus Rosen zu sehen. Einige versuchen die Hände der „kleinen Heiligen" zu küssen, von denen eine, Jacinta, der Ohnmacht näher ist als dem Tanzen, aber das, wonach sich alle gesehnt haben – das Zeichen des Himmels – genügte, um sie zufriedenzustellen, sie in ihrem Glauben zu bestärken. Fliegende Händler bieten das Porträt der Kinder auf Postkarten und andere Karten an, die einen Soldaten des Portugiesischen Expeditionskorps „an die Hilfe seiner Beschützerin für die Erlösung des Vaterlands denkend" zeigen, und sogar ein Bild der Jungfrau als Figur der Erscheinung. Das war ein gutes Geschäft und sicherlich gingen mehr Centavos in die Tasche der Händler und den Almosen-Stamm für die Hirtenkinder als in die ausgestreckten und offenen Hände der Aussätzigen und der Blinden, die, sich durch die Pilger drängelnd, stechende Schreie von sich gaben.

Die Zerstreuung erfolgt schnell, ohne Schwierigkeiten, ohne einen Schatten der Unordnung, ohne dass eine Patrouille der Garde sie ordnen muss. Die Pilger, die sich am schnellsten über die Straße nach außerhalb zurückziehen, sind die, die als erste angekommen waren, zu Fuß und barfuß, mit den Schuhen auf dem Kopf oder an Stöcken hängend. Sie gehen mit der Seele in Lausperene[119] und bringen die gute Neuigkeit in die Ortschaften, die sich nicht gänzlich entvölkert hatten. Und die Pfarrer? Einige erschienen am Ort, lächelnd, sich eher unter den neugierigen Beobachtern als den nach himmlischen Gefälligkeiten gierenden Pilgern einreihend. Der eine oder andere konnte vielleicht die Genugtuung nicht verbergen, die so oft im Gesicht der Triumphatoren erscheint... Es fehlt, dass die Sachkundigen in ihrer Gerechtigkeit über den schaurigen Tanz der Sonne sprechen, der heute in Fátima Hosannas aus der Brust der Gläubigen platzen ließ und sie begreiflicherweise beeindruckt zurückließ, was mir vertrauenswürdige Leute versichert haben – Freidenker und andere Personen, die sich nicht um Angelegenheiten religiöser Natur sorgen, die zu der nun schon bekannten Heide gekommen waren.

Avelino de Almeida[120]

Über den eigentlichen Ablauf dieses „Sonnenwunders" schrieb Almeida in seinem Artikel nichts Genaues, sondern beschränkte sich darauf, über die Menschenmenge und deren Erlebnisse und Reaktionen zu berichten. Er selber gab sich also als Zeuge des Verhaltens der Menschenmenge, nicht der Sonnenphänomene. Zwei Wochen später, am 29. Oktober, erschien in

119 Lausperene, vom lat. *Louvor perene*, bezeichnet in der katholischen Kirche die dauerhafte Zurschaustellung einer gesegneten Hostie.

120 DCFS, Doc. 13. Der komplette Artikel ist ebenfalls abgedruckt in Visão História N.º 39, S. 35-39 und Torgal: Sol, S. 264-268.

der zu »O Século« gehörenden illustrierten Zeitschrift »Ilustração Portuguesa« ein weiterer Artikel Almeidas, in dem er, wie er schreibt, auf die Bitte eines ehemaligen Mitseminaristen nach einer genauen Schilderung des genannten Wunders antwortete:

> DAS WUNDER VON FÁTIMA
>
> (Brief an jemanden, der einen unverdächtigen Zeugen fordert.)
>
> Ein über zwanzigjähriges Schweigen brechend und unter Anrufung der alten und unvergesslichen Zeiten in denen wir in brüderlicher Kameradschaft lebten, erleuchtet durch den gemeinsamen Glauben und bestärkt von gleichen Vorsätzen, schreibst Du mir, damit ich Dir ehrlich und ausführlich berichte, was ich in der Heide von Fátima gesehen und gehört habe, als der Ruhm der himmlischen Erscheinungen in jener trostlosen Einöde zehntausende Menschen versammelte, die, wie ich glaube, mehr nach Übernatürlichem dürsteten als dass sie von einfacher Neugier getrieben waren oder Angst vor einem Schwindel hatten... Die Katholiken sind sich uneins über die Wichtigkeit und die Bedeutung dessen, was sie erlebt haben. Einige sind überzeugt, dass Versprechungen von Oben erfüllt worden sind; andere sind noch weit davon entfernt, an die unbestreitbare Realität eines Wunders zu glauben. Du warst in Deiner Jugend gläubig und bist es nicht mehr. Familienmitglieder haben Dich nach Fátima geschleppt in der kolossalen Welle der Bevölkerung, die sich dort am 13. Oktober versammelte. Dein Realismus erlitt einen furchtbaren Schlag und Du möchtest eine sichere Meinung bilden und hilfst Dir mit unverdächtigen Erlebnisberichten wie dem meinen. Denn ich war dort lediglich in Erfüllung einer recht schwierigen Aufgabe, unparteiisch für eine große Tageszeitung, O Século, die Fakten zu berichten, die sich vor mir darlegten und alles Seltsame und Aussagekräftige, das damit zusammenhing.

Es wird nicht unerfüllt bleiben, aber sicher haben unsere Augen und Ohren keine unterschiedlichen Dinge gesehen und gehört und es gab nur wenige, die für die Erhabenheit eines solchen Schauspiels unempfänglich waren, so einzigartig und unter allen Gesichtspunkten wert, betrachtet und untersucht zu werden...

* * *

Was habe ich gehört und was hat mich nach Fátima gebracht? Dass die Jungfrau Maria nach dem Himmelfahrtsfest drei Kindern erschienen war, die Vieh hüteten, zwei kleinen Mädchen und einem Jungen. Sie ermahnte sie zu beten und versprach, ihnen dort über einer Steineiche am 13. jeden Monats zu begegnen, bis sie ihnen im Oktober irgendein Zeichen der Macht Gottes geben und Offenbarungen machen würde. Die Nachricht verbreitete sich viele Meilen weit in der Umgebung, flog von Landstrich zu Landstrich bis zu den Enden Portugals und die Wallfahrt der Gläubigen wuchs von Monat zu Monat, bis sich in der Heide von Fátima am 13. Oktober laut den Schätzungen sachlicher Leute gut fünfzigtausend Personen versammelten. In den vorherigen Versammlungen fehlte es nicht an Leuten, die angeblich astronomische und atmosphärische Einzigartigkeiten sahen, die man als Hinweis auf ein unmittelbar bevorstehendes göttliches Eingreifen wertete. Es gab Leute, die von plötzlichen Temperaturstürzen sprachen, von flimmernden Sternen am helllichten Tag und von schönen und nie zuvor gesehenen Wolken rund um die Sonne. Einige Leute verbreiteten und wiederholten bewegt, dass die Jungfrau zur Buße aufrufe, dass sie die Errichtung einer Kapelle an diesem Ort verlange, dass sie am 13. Oktober anhand eines fühlbaren Beweises allen die unendliche Güte und Allmacht Gottes zeigen werde...

So kam es, dass am berühmten und so herbeigesehnten Tag von nah und fern tausende und abertausende Personen alle Schwierigkeiten und Härten des Reisens in Kauf nehmend nach Fátima strömten; von denen einige bei Sonne und bei Regen meilenweit zu Fuß gingen und andere sich in den verschiedensten Fahrzeugen bringen ließen, von beinahe prähistorischen bis hin zu den neuesten und wunderbarsten Automobil-Modellen. Und darüber hinaus unzählige, die die Unbequemlichkeit der dritten Klasse der Züge ertrugen, in denen man, um heute relativ kleine Entfernungen zurückzulegen, viele Stunden und sogar Tage und Nächte verliert! Ich sah Scharen von Männern und Frauen, die sich geduldig, wie von einem Traum verzaubert, am Vorabend zu dem berühmten Ort begaben, wobei sie heilige Gesänge anstimmten und barfuß zu deren Rhythmus und dem gleichmäßigen Aufsagen des Rosenkranzes wanderten, ohne dass ihnen die plötzlichen Wetterwechsel lästig wurden, sie entmutigten oder zur Verzweiflung brachten, wenn die Regengüsse die staubigen Straßen in schlammige Böden verwandelten und die Süße des Herbstes für einen Tag von der schroffsten Strenge des Winters abgelöst wurde... Ich sah die Menschenmenge, bald dicht zusammen um den kleinen Baum des Wunders, seine Zweige ausdünnen, um sie als Reliquien aufzubewahren, bald durch die weite Heide verbreitet, welche die Straße von Leiria durchquert und beherrscht und die der so pittoreske und ungleichmäßige Zulauf von Autos und Menschen an diesem denkwürdigen Tag verstopfte, in bester Ordnung die übernatürlichen Erscheinungen erwartend, ohne zu fürchten, das Winterwetter könne ihnen schaden und die Pracht und Herrlichkeit mindern... Ich sah, dass die Seelen nicht von Mutlosigkeit ergriffen wurden, dass das Vertrauen lebendig und feurig blieb, ungeachtet der unerwarteten Widrigkeiten, dass die Haltung der Menschenmenge, die mehrheitlich aus Landbevölkerung bestand, perfekt war und dass die Kinder, nach ihrer Meinung privilegiert, durch die intensivste Zuneigung vonseiten des

> Volkes empfangen wurden, das auf ihre Anweisung hin niederkniete, die Kopfbedeckung abnahm und betete, als sich die Stunde des „Wunders", die Stunde des „fühlbaren Zeichens", die mystische und ersehnte Stunde des Kontakts zwischen dem Himmel und der Erde näherte...
>
> Und als ich mir schon nicht mehr vorstellen konnte, irgendetwas Beeindruckenderes zu sehen als diese laute, aber friedliche Menschenmenge, beseelt von der gleichen obsessiven Idee und getrieben vom gleichen machtvollen Begehren, was sah ich dann noch wirklich Seltsames in der Heide von Fátima? Der Regen hörte zur angekündigten Stunde auf; die dichte Wolkenmasse brach auf und der Königsstern – matt-silberne Scheibe – erscheint mitten am Zenit und beginnt einen starken und zuckenden Tanz zu tanzen, der eine große Zahl der Leute an einen Schlangentanz denken ließ, so schöne und leuchtende Farben nahm die Sonnenoberfläche nach und nach an...
>
> Wunder, wie das Volk rief; natürliches Phänomen, wie die Weisen sagen? Das weiß ich jetzt nicht, aber ich kann bestätigen, was ich sah... Der Rest obliegt der Wissenschaft und der Kirche...[121]

Der Beitrag wurde mit Bildern des Fotografen Bento Ruah illustriert, sie zeigen die Menschenmenge oder einzelne Personen, die in den Himmel blicken oder der Kamera mehr Aufmerksamkeit schenken als den übrigen Ereignissen. Sieben der elf gemeinsam mit dem Artikel abgedruckten Aufnahmen zeigen laut Beschriftung Leute, die in Erwartung oder Verlauf des Sonnenwunders zum Himmel schauen. Es fällt auf, dass die Gesichter weder Regung noch Emotion zeigen. Der Himmel ist nur manchmal teilweise auf den Fotos zu sehen, ohne dass dort etwas Außergewöhnliches zu erkennen ist. Von der Sonne gibt es gar keine Aufnahme.

121 Avelino de Almeida: O Milagre de Fátima, in Ilustração Portuguesa II Série – N.° 610, 29. Oktober 1917, S. 353-356. Auch DCFS, Doc. 21.

Menschenmenge in der Cova da Iria im Moment
des „Sonnenwunders" am 13. Oktober 1917.
Bilder von Judah Bento Ruah, Ilustração Portuguesa, 29. Oktober 1917.

Avelino de Almeida hatte seine Berichterstattung über Fátima bereits früher begonnen, mit einem ersten Artikel, der an eben jenem 13. Oktober in »O Século« erschienen, also vor den Ereignissen dieses Tages in der Cova da Iria verfasst worden war. Darin wies er darauf hin, dass

> „die Zeit großer Prüfungen immer auch die Erneuerung religiöser Ideen begünstigt und angeregt hat, und der Krieg verursacht (...) eine der günstigsten und fruchtbarsten Stimmungen",

ehe er zum Schluss bemerkte:

> „Und es gibt auch diejenigen, die sich vorstellen, neben einer großen und prunkvollen Kirche, die ständig voll ist, riesige Hotels mit allem modernen Komfort zu sehen, gut ausgestattete Geschäfte, gefüllt mit tausend und einem Gegenstand zur Erinnerung an Unsere Liebe Frau von Fátima."[122]

Diese Vision hat sich bewiesenermaßen erfüllt; die erste, noch vergleichsweise zaghafte Geschäftemacherei ging sogar schon vor den Ereignissen des 13. Oktobers los. In der Zeitung »O Mensageiro« erschien bereits am 11. Oktober eine Anzeige der Druckerei *Imprensa Comercial*:

> Unsere Liebe Frau vom Frieden
> (Erinnerung aus Fátima)
> Schöner Bilderdruck, versendet per Post an die, die 50 Réis in Briefmarken schicken. Preisnachlass für große Mengen.[123]

122 Carvalho: Fátima, S. 69/70 zitiert O Século, 13. Oktober 1917.

123 Vgl. Carvalho: Fátima, S. 68 und Bildteil.
Im Mai 1911 war die alte Währung Real (Plural Réis) durch Escudo und Centavos (1 Escudo = 100 Centavos) ersetzt worden. Ein Centavo war nun soviel wert wie zuvor 10 Réis. Es ist möglich, dass in der Anzeige die alte Währungsbezeichnung benutzt wurde, weil sie gerade unter der eher republikfernen Landbevölkerung noch Teil des Sprachgebrauchs war. Bei dem angebotenen Bilderdruck handelt es sich um denselben, den auch Avelino de Almeida in seinem Artikel über den 13. Oktober erwähnt.
Das beworbene Bild ist abgedruckt in Visão História N.° 39, S. 40.

Es existieren zahlreiche schriftliche Berichte verschiedener Personen über das, was sie an jenem 13. Oktober sahen oder zu sehen glaubten. In einigen Punkten gleichen sie sich, während sie sich in anderen mit Angaben widersprechen, die nur schwer oder gar nicht miteinander in Einklang zu bringen sind. Immer wieder ist in Aussagen und Berichten von Farben am Himmel, von der matt scheinenden, sich drehenden Sonne und von einer überwältigten und in rotes und/oder gelbes Licht getauchten Menschenmenge die Rede. Einige Zeugen versicherten, all das gesehen zu haben, andere sahen oder fühlten nur einzelne dieser Dinge. Wieder andere gaben an, gar nichts gesehen oder gefühlt zu haben, wie etwa Manuel Pedro Marto, der Vater von Jacinta und Francisco und laut Gonçalves Júnior, wie gesehen, der „verlässlichste Mann des Ortes". In seiner Aussage vor der zur Untersuchung der Ereignisse errichteten Kanonischen Kommission gab Marto 1923 an, die drei Hirtenkinder in die Cova da Iria begleitet und im fraglichen Moment die Leute von Farben in der Sonne und am Himmel sprechen gehört zu haben und dass die Sonne nicht geblendet habe. Darüber, selbst etwas am Himmel beobachtet zu haben, sagte er nichts. Auch sagte er, er habe keine Stimmen gehört.[124] Lúcias Mutter Maria Rosa sagte vor dieser Kommission aus, die Sonne sich drei Mal in Richtung Erde und zurück bewegen gesehen zu haben und merkte auch an, dass man zu ihr hinaufsehen konnte. Kurz vorher, so berichtete sie, hatte ihre Schwägerin Olímpia, die Mutter von Jacinta und Francisco, Lúcia gefragt: „Oh Lúcia, hast du Unsere Liebe Frau denn nicht gebeten, ein Wunder zu vollbringen, damit das Volk glaube?" Und Lúcia habe geantwortet: „Wollt ihr denn noch ein größeres Wunder als dass der Krieg endet?"

Kurioser als die meisten Erlebnisberichte ist, was nach eigenen Aussagen einer Frau namens Leonor das Dores Salema Manoel widerfuhr. Sie war am Ort des angeblichen Geschehens gewesen und schrieb später einer Freundin von „Betrübnis und Kummer", die sie verspürt habe, weil sie in der Cova da Iria von den wundergleichen Vorfällen nichts gesehen habe.

124 DCFS, Doc. 80.

Doch dann, bereits auf dem Heimweg, habe auch sie ganz plötzlich die Sonne verschiedene Farben annehmen und sich drehen sehen.[125] Ein nachträgliches, sozusagen ganz persönliches „Sonnenwunder“? Zumindest auf den ersten Blick passt dazu die Aussage des Anwalts Domingos Pinto Coelho. Dieser schrieb in einem am 16. Oktober in »A Ordem« erschienenen Artikel, er sei am 13. Oktober in der Cova da Iria gewesen und habe am nächsten Tag bei gleichen Wetterbedingungen die gleichen Phänomene erneut beobachtet. An ein himmlisches Wunder wollte er jedoch nicht glauben:

> Es ist klar, dass wir als Katholiken die Möglichkeit von Wundern anerkennen. Gott, der die Gesetze macht, kann sie eben deshalb ändern oder aussetzen. Allein, das Wunder ist eine Ausnahme. Und die Ausnahmen vermutet man nicht. Sie brauchen einen stichhaltigen Beweis.

Dann schildert er seine eigenen Erlebnisse jenes Tages:

> (...)
> Minuten später ließ der Regen nach und als es Viertel vor zwei war, hörte er ganz auf.
> Die bis dahin verdeckte Sonne zeigte sich zwischen den mit einiger Geschwindigkeit vorbeiziehenden Wolken. Und weil deren Dichte unterschiedlich war, war der Schleier, den sie über den Königsstern legten, mal mehr, mal weniger durchsichtig.
> Wie die gesamte Menschenmenge sahen wir nun mit beständiger Aufmerksamkeit zur Sonne und sahen sie, hinter den Wolken, in neuer Gestalt, neu für uns, wohlgemerkt.
> Mal von rötlichen Flammen umgeben, mal von gelben oder lila abgeschatteten Strahlen gekränzt, mal scheinbar von den schnellen Bewegungen der Rotation beschwingt, noch andere Male aus-

125 Vgl. Carvalho: Fátima, S. 78/79 mit Verweis auf DCFIII/1, Doc. 93.

sehend, als würde sie aus dem Himmel herauskommen, näherte sie sich der Erde und strahlte eine starke Wärme aus.
Warum es bestreiten? Diese Phänomene, die wir noch nie gesehen hatten, beeindruckten uns stark. Es entsteht in Menschenmengen eine kollektive Psychologie. Und in seiner großen Allgemeinheit durchfloss eine große und bewegende Welle des Glaubens diese Menschenmenge.
Ein Zweifel jedoch blieb uns.
War, was wir in der Sonne sahen, außergewöhnlich? Oder würde es sich unter entsprechenden Umständen wiederholen?
Und genau diese Entsprechungen und Umstände widerfuhren uns gestern, Wir konnten die Sonne halb bedeckt von Wolken sehen, wie am Samstag. Und ehrlicherweise sahen wir die gleiche Farbenfolge, die gleiche drehende Bewegung etc. (...)
Schließt man also dieses einzige außergewöhnliche Faktum aus, was bleibt? Vorläufig die Aussagen von drei Kindern und sonst nichts.
Das ist sehr wenig. (...)
Unter dem Strich kehrten wir aus Fátima im selben Geisteszustand zurück, in dem wir dort hingegangen waren – im Zweifel.
Gibt es Wunder? Gibt es Erscheinungen? Es ist möglich.
Aber zwischen Möglichkeit und Wirklichkeit liegt ein Abgrund.[126]

Pinto Coelho war Monarchist und bekennender Katholik, weshalb ihm viele aus dem kirchlichen Lager diese offenen Zweifel an den Ereignissen von Fátima höchst übel nahmen.[127] Aber in jedem Fall bezeugte Pinto Coelho die von so vielen beschriebenen Erlebnisse – die Farben der Sonne, ihre Bewegung und die Wärme.

---

126 O Caso de Fátima, in A Ordem, 16. Oktober 1917. Abgedruckt in Torgal: Sol, S. 268-270. Pinto Coelho veröffentlichte seine Artikel unter dem offenen Pseudonym A. de F.

127 Vgl. dazu Carvalho: Fátima, S. 81-83; Torgal: Sol, S. 55/56.

◆

Am 19. Oktober besuchte der Geistliche Formigão abermals die drei Hirtenkinder, um sie erneut über die Ereignisse zu befragen. Die Kinder befanden sich im Haus der Familie Marto, wo sie gerade schon vom Pfarrer José Ferreira de Lacerda in Begleitung eines anderen Geistlichen aus Leiria und des Pfarrers von Fátima befragt wurden, als Formigão ankam.[128] Wohl auch deswegen schrieb Formigão in seinen Aufzeichnungen des Tages:

> Die Zahl der Besucher für die Kinder nimmt täglich zu. Sie kommen zu jeder Zeit von den entferntesten und verschiedensten Orten des Landes. Die Kinder fühlen sich sehr niedergeschlagen. Besonders Lúcia fühlt tiefe Erschöpfung, was daran liegt, dass sie gründlicher befragt wird; man merkt, dass die übermäßige Müdigkeit sie zwingt, auf die ihr gestellten Fragen ohne die Aufmerksamkeit und Überlegung zu antworten, die wünschenswert wäre. Manchmal antwortet sie mechanisch und beruft sich häufig darauf, sich nicht gut an bestimmte Umstände der Erscheinungen zu erinnern, im Gegensatz zu dem, wie es vor dem 13. Oktober war. Wenn es keine Bemühungen gibt, den Kindern die Anstrengung der ständigen Befragungen zu ersparen, ist ihre Gesundheit in Gefahr, großen Schaden zu nehmen.[129]

Formigão befragte die Kinder nacheinander und in Anwesenheit von Zeugen. Lúcia beteuerte dabei, die Erscheinung habe gesagt, der Krieg werde noch an jenem Tag enden und sie sollten auf ihre Militärs warten. Auf Nachfrage versicherte sie, dass die Erscheinung Militärs und nicht

128 José Ferreira de Lacerda war der Gründer der Wochenzeitung »O Mensageiro« und erst Ende September von der Front in Flandern zurückgekehrt, wo er als Militärkaplan tätig gewesen war. Die Aufzeichnungen seiner Befragungen der Kinder in DCFS, Doc. 15. Zu José Ferreira de Lacerda siehe auch Ribeiro Ferraz: Impacto, S. 41-43.

129 DCFS, Doc. 18.

Soldaten gesagt habe.[130] Als Formigão fragte, wie denn zu erklären sei, dass der Krieg noch immer andauere, entgegnete Lúcia: „Ich weiß es nicht. Alles was ich weiß, ist, dass ich sie sagen hörte, dass der Krieg am 13. ende. Mehr weiß ich nicht." Im Gegensatz zu dem, was Lúcia in der Befragung durch Pfarrer Marques Ferreira am 16. Oktober geäußert hatte, sagte sie nun, sie habe ebenfalls zur Sonne geblickt, „weil alle diese Leute sagten, dass sie zur Sonne sähen", und dass die Sonne ausgesehen habe wie der Mond. Auch sagte sie nun, eine Figur gesehen zu haben, die Gott zu sein schien, sie aber nicht das Volk segnen gesehen zu haben. Aber Unsere Liebe Frau habe gesagt, er käme, um das Volk zu segnen. Formigão fragte, ob das Volk traurig würde, erführe es das Geheimnis, und das Mädchen antwortete: „Ich glaube, das Volk wäre wie es ist, fast genau so."

Als nächstes wurde Francisco befragt. Dieser erklärte, nur die Erscheinung einer Lieben Frau am Himmel gesehen zu haben, die gekleidet gewesen sei wie die, die ihnen auch unten erschienen war. Nahe der Sonne habe er außerdem den heiligen Josef und das Jesuskind gesehen: Links Unsere Liebe Frau und rechts Josef, bei ihm das Jesuskind. Weiter sagte Francisco nun, anschließend die Sonne kreisen gesehen zu haben und dass sie wie ein Feuerrad geschienen habe. Auch habe die Erscheinung selber Lúcia angewiesen, der Menge zu sagen, zur Sonne zu blicken, in dem sie bei ihrem Verschwinden mit einem Finger dorthin gezeigt habe. Dann habe er „sehr schöne Farben" gesehen: Blau, Gelb und andere.

Nach der Befragung Franciscos ging die ganze Gruppe gemeinsam von Aljustrel nach Fátima. Auf dem Weg dorthin sprach Formigão mit Jacinta. Diese sagte nun, die Sonne rot, grün und in anderen Farben gesehen zu haben und dass diese sich im Kreis bewegt habe. Lúcia habe die Menschenmenge mit lauter Stimme aufgefordert zur Sonne zu sehen, als diese sich schon im Kreis bewegte. Die Erscheinung habe sie dazu aber nicht angewiesen. Dann kam Formigão auf die Ankündigung der Erscheinung bezüglich des Kriegsendes zu sprechen und Jacinta erklärte, die Frau habe

130 *Militares*, nicht *soldados.*

gesagt: „Ich bin gekommen, um dir zu sagen, dass ihr nicht länger Unseren Herrn beleidigen sollt; dass, wenn das Volk sich bessert, der Krieg endet, wenn es sich nicht bessert, endet die Welt. Lúcia hat besser als ich gehört, was die Frau sagte." Formigão fragte nach: „Sagte sie, der Krieg ende an diesem Tag oder bald?"

Jacinta antwortete: „Unsere Liebe Frau sagte, dass, wenn sie im Himmel ankäme, der Krieg ende."

Formigão: „Aber der Krieg ist noch nicht zu Ende!..."

Jacinta: „Er endet, er endet."

Formigão: „Aber wann endet er denn?"

Jacinta: „Ich glaube, er endet am Sonntag."

Mit seiner Klage über die Ermüdung, Überforderung und Ungenauigkeit der Kinder in ihren Aussagen hatte Formigão zweifellos recht. Trotz der Überforderung und wahrscheinlich gerade wegen der zunehmenden Ungenauigkeiten, Widersprüche und Erinnerungslücken, kehrte er am 2. und 3. November des Jahres noch einmal zu einer letzten Befragung nach Aljustrel zurück.[131] Dieses Mal befragte er auch João Marto, den Bruder von Jacinta und Francisco. Aber als erste war laut den Aufzeichnungen wieder Lúcia an der Reihe. Gleich zu Beginn befragte Formigão sie abermals über die Erscheinungen und das Mädchen sagte, im Vorjahr einige Male – „Ich kann mich nicht erinnern, wie oft" – die Erscheinung einer weißen Gestalt – „Ich glaube, es war nicht Unsere Liebe Frau" – über verschiedenen Bäumen gesehen zu haben. Lúcia sei dabei in Begleitung verschiedener anderer Kinder gewesen (nicht von Jacinta oder Francisco), die sie, Lúcia, jeweils auf die Erscheinungen aufmerksam gemacht haben. Beim dritten Mal aber sei nur João Marto dabei gewesen, der sagte, nichts gesehen zu haben. Im weiteren Verlauf wiederholte Lúcia weitgehend das, was sie schon zuvor über die Erscheinungen gesagt hatte, mit einigen klei-

131 DCFS, Doc. 22.

neren Erinnerungslücken. Gleiches gilt für die Befragungen Jacintas und Franciscos. João Marto, der bei der Erscheinung am 19. August 1917 dabei gewesen war, berichtete Formigão darüber und sagte, er sei dort mit Lúcia und Francisco gewesen und Lúcia habe ihn losgeschickt, Jacinta zu holen, denn, so habe Lúcia gesagt, es schien, dass Unsere Liebe Frau erscheinen würde. João habe erst nicht gehen wollen, dann aber ein Vintém[132] von Lúcia bekommen und sei daraufhin seine Schwester holen gegangen, die er im Haus von Lúcias Familie fand. Sie seien rechtzeitig am Ort der Erscheinung angekommen, von der er, João, aber nichts gesehen oder gehört habe. Er habe nur Lúcia sprechen hören, die ihm nachher von dem Gespräch mit der Frau berichtet habe.

◆

Am 14. Oktober 1917, dem Tag nach der letzten Erscheinung, schrieb der Journalist Miguel Pinto de Figueiredo in einem Artikel im republikanischen »Jornal de Leiria« mit Blick auf den Weltkrieg:

> (...)
> Würden wir sehen oder wenigstens morgen in der Zeitung die Nachricht lesen, dass eine «Heilige» ihre *Erscheinung* in den überfallenen Ländern vollbrachte und dass sie mit ihrer übernatürlichen Macht aus Belgien, Frankreich, Serbien, Rumänien und Montenegro ihre Feinde vertrieben hätte und dass diese Völker zum Frieden ihrer Heime und zur Bewirtschaftung ihrer Felder zurückgekehrt seien, wir würden an die «göttliche» Macht glauben (...)
> Die «Frau» von Fátima ist nie den jungen vergewaltigten Belgierinnen erschienen, um ihnen zu Hilfe zu kommen, als die Welle der *Boche* dieses Land der Helden mit Bestienmenschen überschwemmte (...)

132 Vintém war ursprünglich die Bezeichnung einer Münze zu 20 Réis.

> Die «Frau» von Fátima ist nie zwischen Wolken erschienen, um mit ihrer übernatürlichen Macht über tausend Kirchen (...) zu beschützen, die die Deutschen und Österreicher bombardierten (...)
> Aber die «Frau» vollbrachte nie ihre *Erscheinung* in den Ländern und auf den Meeren, wo der Kampf tobte, wo es Trauer, Schmerz, Verheerung und Tod gibt! (...)
> Sie hielt es für bequemer und *angemessener*, ihre *Erscheinung* in Fátima zu vollbringen, in einem öden Landstrich und einem Kreis und Distrikt, wo das religiöse Dogma, wie es scheint, bescheidene und ignorante Arbeiter zum Fanatismus führt, der einigen armen Leuten Halluzinationen verursacht (...)
> Die «Frau» von Fátima würde nie wieder ihre *Erscheinung* vollbringen, ließe man an diesem Ort eine Schule errichten, in der den dem Geiste gegenüber blinden Erwachsenen und Heranwachsenden rationale Bildung gegeben würde.[133]

Im November veröffentlichte der Pfarrer Lacerda in vier Ausgaben des von ihm gegründeten »O Mensageiro« Interviews mit den drei Hirtenkindern.[134] Dies war das erste Mal, dass Aussagen der Kinder aus den Befragungen an die Öffentlichkeit gebracht wurden. Lacerda nutzte dafür sowohl Aufzeichnungen aus den von ihm selbst durchgeführten Befragungen als auch die des Pfarrers Manuel Marques Ferreira, zu denen er sich Notizen und Abschriften angefertigt hatte. Der Pfarrer von Fátima und auch Formigão hatten ihre Aufzeichnungen zunächst nur zu privaten oder internen Zwecken angefertigt.
»O Mensageiro« hatte bei seiner Gründung die Wiedererrichtung der Diözese von Leiria sowie die „Verteidigung der Katholiken" und der „guten Presse" als Ziel ausgegeben und war daher zweifellos daran interessiert,

133 Miguel Pinto de Figueiredo: A «Senhora» de Fátima, in Jornal de Leiria, 14. Oktober 1917. Hervorhebungen wie im Original.

134 Vgl. zu O Mensageiro Ribeiro Ferraz: Impacto, besonders S. 37-60.

dass die angeblichen Erscheinungen von Fátima nicht wie so viele vor ihnen wieder in Vergessenheit gerieten.

Und auch andere Blätter schrieben in unterschiedlicher Häufigkeit weiterhin über Fátima – republikanische, monarchistische und besonders katholische. Unter den Beiträgen der katholischen Zeitungen, die Fátima und die Erscheinungen in der Regel verteidigten, sticht ein Artikel aus »A Ordem« hervor. Der am 17. November erschienene und lediglich mit „Afonso" unterzeichnete Beitrag wies darauf hin, dass auch die Gläubigen nicht dazu verpflichtet seien, an Erscheinungen zu glauben. Der Autor oder die Autorin betonte:

> Um katholisch zu leben, wie wir in unserer Berufung als Kinder der Kirche verpflichtet sind, brauchen wir weder weitere Erscheinungen noch weitere Wunder.[135]

135 Zitiert nach Carvalho: Fátima, S. 98.

Von den Erscheinungen zum Heiligtum

Politischer Umbruch

Am 5. Dezember 1917 wurde die portugiesische Republik von einem Putsch erschüttert: Die politischen Spannungen, wirtschaftlichen Probleme und sozialen Unruhen im Land und besonders in der Hauptstadt Lissabon entluden sich in einer Revolte, an deren Spitze der Major Sidónio Pais die Macht ergriff.

Auf die Beziehungen zwischen Staat und Kirche wirkte sich dieser Umsturz positiv aus. Die verbannten Bischöfe durften in ihre Diözesen zurückkehren und das Gesetz zur Trennung von Staat und Kirchen wurde entschärft. Geistliche durften ihre Talare wieder auf der Straße tragen und der Staat hielt sich nun aus den kirchlichen Angelegenheiten, etwa dem Theologie- und Religionsunterricht, heraus. Die Genehmigungspflicht für Gottesdienste zu bestimmten Tageszeiten wurde ebenso abgeschafft wie die Besteuerung der Seminare.[136] Doch das Gesetz wurde nur modifiziert und nicht außer Kraft gesetzt, wie viele Katholiken gehofft hatten. Symbolträchtiger war die Wiederaufnahme der Beziehungen zum heiligen Stuhl ab Mai 1918, die im Juli des Jahres offiziell verkündet wurde. Die Herrschaft Sidónio Pais' währte nur ein Jahr, am 14. Dezember 1918 wurde er von einem Attentäter erschossen. Doch die von ihm eingeführte gemäßigte Religionspolitik wurde von den nun wieder per Wahl bestimmten folgenden Regierungen fortgeführt, wobei diese Politik keineswegs alle zufriedenstellte.[137] So gab es Republikaner, in deren Augen die

136 Vgl. Sérgio Pinto: Política Religiosa (da República), in Maria Fernanda Rollo (Coordenação Geral): Dicionário de História da I República e do Republicanismo, Vol. III, Lisboa 2014, S. 301-308, hier S. 305.

137 Vgl. dazu auch Luís Salgado de Matos: Casamento de conveniência, in Visão História N.°39, S. 54-56.

ursprüngliche Trennung von Staat und Kirchen von 1911 in keinster Weise hätte aufgeweicht werden dürfen; es gab (katholische) Monarchisten, die die Annäherung der Kirche an die Republik verurteilten, und es gab Katholiken, denen die Einstellung des Staates der Kirche gegenüber noch immer zu feindselig war und die eine gänzliche Abschaffung des „Lei da Separação" forderten.

Unterdessen hatte Papst Benedikt XV. am 17. Januar 1918 die Diözese von Leiria wiedererrichtet.[138] Die Situation hatte sich seit den Erscheinungen somit insgesamt zur Zufriedenheit der katholischen Kreise entwickelt. Rund um Fátima jedoch tat sich in diesem Jahr 1918 zunächst nicht viel.

Wunderheilungen

Am 28. September erschien dann in der Zeitung »A Guarda« der erste von zahlreichen Artikeln eines Visconde de Montelo. Hinter dem Pseudonym versteckte sich Manuel Nunes Formigão, der in diesen Beiträgen in höchsten Tönen von Fátima schrieb, es mit Lourdes verglich und die Bedeutung der Ereignisse und des Ortes kontinuierlich zu steigern versuchte.[139] In seinem zweiten Artikel erzählte er erstmals von einer in Fátima angeblich erfolgten Wunderheilung, die von der Geheilten persönlich berichtet worden sei. Seit dem Juli 1917 wurde die Erscheinung in der Cova da Iria mit Wunderheilungen in Verbindung gebracht. In diesem Monat hatte Lúcia sie zum ersten Mal darum gebeten, Kranke – zwei Frauen und einen Jungen – zu heilen, woraufhin die Frau zugesagt hatte, für deren Genesung zu sorgen. Daraus erwuchs für zahlreiche Kranke die Hoffnung, in Fátima

138 Der neue Bischof wurde erst später, im Mai 1920 ernannt.

139 Von 1918 bis 1922 schrieb Formigão als Visconde de Montelo für die Zeitung »A Guarda«, von 1922 bis 1956 dann für »Voz da Fátima«. Außerdem erschienen sieben Bücher von ihm. Unter einem zweiten Pseudonym – Mira Ceti – veröffentlichte er von 1937 bis 1956 auch Beiträge in der von ihm gegründeten Zeitschrift »Stella«.
Carvalho: Fátima, S. 104 beschreibt Formigãos Artikel als „intelligent geschrieben und stark aufbauschend, fähig jeden zu fesseln, der das geringste Interesse am Thema hat".

und/oder mit Hilfe der Erscheinung von ihrem Leiden geheilt zu werden, wenngleich die Erscheinung im September erklärte, nicht alle zu heilen und dass dies von Gott abhinge („denn Unser Herr möchte nicht an sie glauben"). Pilgerfahrten, Gebete und Versprechen an die Jungfrau, später auch die Anwendung von Erde und Wasser aus Fátima ließen viele Gläubige und Verzweifelte auf himmlische Gnade und Heilung hoffen.

Schon im August 1917 war eine Frau namens Maria do Carmo, so berichtete sie später, in der Hoffnung auf Heilung erstmals zur Cova da Iria gepilgert. Am 18. Juni 1918 legte sie einem Pfarrer gegenüber Zeugnis ab:

> Ich, Manuel Antunes Marto, Prior der Pfarrei Nossa Senhora da Luz de Maceira, Grafschaft Leiria, Diözese Coimbra, rief auf Bitten des würdigsten Priors der Pfarrei Fátima, Manuel Marques Ferreira, Maria do Carmo, mein Gemeindemitglied, verheiratet mit Joaquim dos Santos, zu mir, die mein volles Vertrauen verdient und folgendes erklärte: Sie war fünf Jahre lang krank gewesen ohne Hoffnung auf Besserung, denn von Tag zu Tag spürte sie, dass es ihr an Kraft mangelte, sie war sehr dünn, sie hatte starken Husten und hustete ganze Nächte lang, weshalb man es für Tuberkulose hielt, und auch sie war davon überzeugt; so überzeugt, dass sie die Kinder, ihre Töchter, von sich entfernte, um sie nicht anzustecken. Als sie hörte, dass Unsere Liebe Frau einigen kleinen Kindern in der Pfarrei von Fátima erschienen war, versprach sie, am dreizehnten von vier aufeinanderfolgenden Monaten zu Fuß dorthin zu gehen und auf dem ganzen Weg zu beten, um zu sehen, ob die Muttergottes sie bessern würde. Gleich als sie das erste Mal mit großen Schwierigkeiten dorthin ging, fühlte sie Besserung, denn die Reise fiel ihr bei ihrer Rückkehr leichter als auf dem Weg dorthin.
>
> Sie machte weiter, sich stets besser fühlend, und am dreizehnten November 1917, dem Tag, an dem sie ihr Versprechen einlöste, fand sie sich völlig gesund und schrieb ihre Heilung einem Wun-

> der Unserer Lieben Frau von Fátima zu. In der Tat gab sie diese Erklärung ab die sie unterzeichnet. Maria do Carmo.[140]

Der Erzbischof von Mitilene, der im September 1917 bereits Formigão beauftragt hatte, Nachforschungen in Fátima anzustellen, hatte am 3. November des Jahres den Pfarrer Manuel Marques Ferreira angewiesen, eine Untersuchung in seiner Gemeinde durchzuführen. Am 6. August 1918 übergab der Pfarrer dem Erzbischof daraufhin die Protokolle seiner Befragungen der Kinder[141], am 28. April 1919 dann weitere Dokumente, darunter die Mitschrift der von ihm zwischen Dezember 1918 und März 1919 durchgeführten Befragungen vier weiterer Zeugen, zu denen Manuel Gonçalves Júnior und Lúcias Schwester Teresa de Jesus gehörten. Außerdem andere in der Presse oder anderweitig erschienene Zeugenaussagen, wie der Bericht über die angebliche Wunderheilung Maria do Carmos und der Brief eines José Pereira Novo, der von der wundersamen Heilung seines fast blinden Enkels berichtete.[142]

Ab 1922 schrieb Formigão als Visconde de Montelo für die neugegründete Monatszeitschrift »Voz da Fátima«. Deren Gründung war von der mit der Untersuchung der Ereignisse beauftragten Kanonischen Kommission beschlossen und vom Bischof genehmigt worden. Sie erschien fortan am 13. eines jeden Monats und wurde zu einem wichtigen Instrument zur Etablierung des Kultes von Fátima.[143]

Zu Beginn der ersten Ausgabe schrieb der Visconde de Montelo:

> Sie [die Zeitschrift] ist natürlich dazu bestimmt, ein permanentes Zentrum der Aufnahme und Übermittlung von Nachrichten und

140 DCFS, Doc. 34.

141 DCFS, Doc. 36.

142 Siehe die von Pfarrer Marques Ferreira eingereichten Unterlagen zu dieser Untersuchung in DCFS, Doc. 23, 26, 34, 39-45.

143 Voz da Fátima startete am 13. Oktober 1922 mit einer Auflage von 3.000 Exemplaren und erreichte ihre stärkste Auflage nach eigenen Angaben im Jahr 1936 mit 366.446 gedruckten Exemplaren. Vgl. Torgal: Sol, S. 68.
Die Zeitung erscheint nach wie vor kostenlos einmal im Monat.

> Informationen zu sein, mit der Absicht, in ihre Spalten alles aufzunehmen, was mit dem Fall von Fátima zu tun hat und man als würdig erachtet, archiviert zu werden.
> Das einzige Anliegen, der sehnlichste Wunsch, das oberste Streben aller Redakteure dieser Zeitschrift ist, die Wahrheit zu entdecken, wo auch immer man sie findet und was sie auch sei.[144]

In »Voz da Fátima« führte Formigão fort, was er schon zuvor begonnen hatte: Er sammelte und veröffentlichte Berichte von „Wunderheilungen" in Fátima.[145] In den bis zur bischöflichen Erklärung der Glaubwürdigkeit der Ereignisse im Oktober 1930 erschienenen 97 Ausgaben der »Voz da Fátima« wurde von ca. 200 solcher Fälle berichtet. Siebzehn davon wurden in den Abschlussbericht der Kanonischen Kommission aufgenommen[146], von denen vierzehn von Medizinern begleitet und bestätigt worden waren. In einem dieser Fälle berichtete gar ein Arzt über seine eigene Heilung:[147]
Acácio da Silva Ribeiro hatte einen Verkehrsunfall gehabt, bei dem er sich unter anderem mehrere Knochenbrüche zuzog. In dem von ihm verfassten Bericht erklärte er, es sei seltsam gewesen, dass er nicht gestorben sei, ihm das schwer verletzte Bein nicht amputiert werden musste und er auch keine bleibenden Schäden davon getragen habe.

> In der absoluten Überzeugung, dass nur das Eingreifen der Jungfrau Nossa Senhora do Rosário mich vor dem Tod gerettet hat, nach dem fürchterlichen Unglück, das ich erlitt, bei dem ich mir ein Bein, ein Schlüsselbein, die Mittelhand brach und zahlreiche Quetschungen zuzog, eine davon wegen ihrer Stelle und der ver-

144 Visconde de Montelo: A que vimos, in Voz da Fátima N.° 1, 13. Oktober 1922, S. 1-2, hier S. 2.

145 Vgl. zu den „Wunderheilungen" von Fátima auch Luís Pedro Cabral: Os miraculados, in Visão História N.° 39, S. 57-59.

146 Siehe dazu unten den Abschnitt über die Kanonische Kommission.

147 Acácio da Silva Ribeiro: Intervenção milagrosa de N.S. do Rosário da Fátima num desastre mortal, in Voz da Fátima, 13. Oktober 1927.

> ursachten Blutung von außergewöhnlicher Schwere, muss ich diese Gegebenheit zum größten Ruhm der Jungfrau Nossa Senhora berichten, und die Gründe darlegen, auf denen meine Überzeugung fußt.

Der Arzt schrieb, er habe einen Motorradunfall infolge eines missglückten Überholmanövers gehabt und gedacht, sein Leben sei zu Ende, doch dann gemerkt, dass er noch am Leben war:

> Da machte ich in Ekstase unübertrefflicher Frömmigkeit und Ergebenheit Unserer Lieben Frau vom Rosenkranz von Fátima ein Versprechen, sie darum bittend, mir zu helfen und mein Leben zu bewahren.

Die von ihm selbst angeleitete erste Hilfe am Unfallort, die Erstbehandlung durch zwei Kollegen und seine Frau, die ihn in seine Praxis brachten, die Nacht, die er dort verbrachte und der Transport per Eisenbahn ins Krankenhaus nach Coimbra am nächsten Tag seien unerwartet gut verlaufen:

> Ehrlich, wissenschaftlich betrachtet lässt sich weder erklären noch gut verstehen, wie dies geschehen konnte (...) Ich kann nicht anders, als zu rufen: Wunder.

Abschließend beschrieb Silva Ribeiro seine gänzliche Heilung nach zahlreichen Operationen und der Anwendung von Wasser aus der Quelle von Fátima, von dem er trank und mit dem er seine Verbände beträufelte.

Im Jahr zuvor, am 13. Mai 1926 war eine Stelle zur medizinischen Überprüfung möglicher Wunderheilungen eingerichtet worden, der „Serviço de Verificações Médicas". Seine Leitung wurde dem Arzt José Perreira Gens übertragen, der bereits im September 1917 am Tag der Erscheinung in Fátima gewesen war. Doch die Arbeit gestaltete sich kompliziert, Gens selber berichtete später, dass die Menge der Fälle von einem derartigen Ausmaß – zeitweise rund 2.000 bis 3.000 pro Jahr – und die personelle und materielle Ausstattung der Einrichtung angesichts dessen so ungenügend gewesen sei, dass eine tiefgehende medizinisch-wissenschaftliche Untersuchung der einzelnen Fälle zumeist nicht möglich gewesen sei. Auch seien viele Leute gekommen, ohne vorher einen Arzt besucht zu haben, also ohne diagnostizierte Erkrankung. Und zudem liege die finale Entscheidung, ob es sich bei einem Fall um eine übernatürliche, also wundersame Heilung handele, bei der Kirche und nicht beim Personal der Einrichtung.[148]

Das Schicksal der drei Hirtenkinder

Die drei Hirtenkinder besuchten nun die örtliche Schule[149] und erhielten, besonders Lúcia, weiterhin zahlreiche Besuche, Briefe und nicht selten auch Geschenke von Gläubigen, die sie darum baten, mehr Auskünfte über die Ereignisse des Jahres 1917 zu geben oder die Jungfrau in verschiedenen Angelegenheiten um Hilfe zu bitten.[150] Immer überladenere Schilderungen und Mutmaßungen angeblicher Augenzeugen, tatsächliche oder vermeintliche weitere Äußerungen der Kinder, die sich untereinander und ihren früheren Aussagen widersprachen, und nicht zuletzt der berechtigter- oder unberechtigterweise aufkommende Eindruck, besonders Lúcia versuche aus der Situation materiellen Gewinn zu ziehen, ließen, so ist es einigen Briefen von Fürsprechern Fátimas zu entnehmen, befürchten, viele Gläubige könnten sich von Fátima und dem Glauben an die Erscheinungen abwenden.[151]

Im Mai 1918 war die „Spanische Grippe", eine Influenza-Pandemie, ausgebrochen und hatte bald Portugal erreicht.[152] Von den damals rund sechs

148 Vgl. Torgal: Sol, S. 110 mit Verweis auf C. Barthas: Fátima, S. 283-285.

149 Lúcia und Jacinta gehörten zu den ersten Mädchen in der Schule von Fátima.

150 Vgl. dazu Carvalho: Fátima S. 102/103.

151 Vgl. dazu auch Carvalho: Fátima, S. 103/104.

152 Vgl. dazu auch Isabel Salema: Os ecos da gripe de 1918 não param de crescer, in publico.pt, 27. März 2020.

Millionen Einwohnern fielen Schätzungen zufolge 136.000 dem Virus zum Opfer. 1918 gab es in Portugal mehr Todesfälle als Geburten.[153] Die tödlichste der insgesamt drei Wellen begann Ende August und erreichte ihren Höhepunkt im Oktober und November. Auch Fátima blieb nicht verschont.[154] In der Familie Marto erkrankten in dieser Zeit fast alle.[155] Francisco starb am 4. April 1919 im Alter von zehn Jahren. Die beinahe gleichzeitig mit Francisco erkrankte Jacinta widerstand länger. Am 1. Juli 1919 kam sie nach Ourém ins Krankenhaus, wo sie bis Ende August blieb, ehe sie, keineswegs geheilt, nach Hause zurückkehrte. Wie Formigão im Folgejahr schrieb, kam Jacinta gemeinsam mit ihrer Mutter und Lúcia am 13. Oktober 1919 noch einmal in die Cova da Iria. Der Geistliche beschrieb das Mädchen als stark abgemagert und von Tuberkulose, Lungenentzündung und eiternder Rippenfellentzündung gezeichnet und folgerte, nur eine Behandlung in einem Sanatorium könne Jacinta vielleicht noch retten. Auch durch Formigãos persönlichen Einsatz gelang es, dass Jacinta am 2. Februar 1920 ins Lissabonner Hospital D. Estefânia kam[156], wo sie acht Tage später operiert wurde. Doch da war es bereits zu spät. Seit ihrer Rückkehr aus dem Krankenhaus von Ourém waren über fünf Monate vergangen, in denen das Mädchen entgegen ärztlichem Rat nicht behandelt worden war. Der Eingriff in Lissabon konnte die Zehnjährige nun nicht mehr retten. Sie starb zehn Tage nach der Operation, am 20. Februar 1920 noch im Krankenhaus.[157] Formigão schrieb als Visconde de Montelo

153 In der Zeit von 1886 bis 1993 war das Jahr 1918 das einzige, in dem Portugal einen Bevölkerungsrückgang verzeichnete.

154 Hatte es in der Gemeinde 1911 insgesamt 57 und 1912 40 Todesfälle gegeben, waren es 1918 111 und im Folgejahr 71. Zahlen nach Carvalho: Fátima, S. 106.

155 Vgl. auch Luís Pedro Cabral: O drama da família Marto, in Visão História N.°39, 2017, S. 51-53.

156 Siehe dazu DCFS, Doc. 48: Ein Brief in dem Formigão darüber informiert wird, dass Jacintas Eltern ihre Tochter nun nach Lissabon ins Krankenhaus ließen, nachdem ihnen zugesagt wurde, nur für die Reisekosten aufkommen zu müssen.

157 Vgl. auch Carvalho: Fátima, S. 110-112.

daraufhin, dem Mädchen sei in Lissabon abermals die Jungfrau Maria erschienen, die ihr den Tod angekündigt habe.[158]

Die Ordensschwester Maria Godinho, die Jacinta in Lissabon zur Seite stand, soll ihm, so berichtete es Formigão im Februar 1938, nach Jacintas Tod eine Nachricht des Mädchens überbracht haben. Diese Nachricht, eine Prophezeiung, ist nur in einer Abschrift Formigãos überliefert. Die von Godinho angefertigte originale Mitschrift der Nachricht, die Jacinta der Schwester nur mündlich mitgeteilt haben kann, ist nicht erhalten. Die Nachricht lautete demnach:

> Unser Herr ist tief empört über die Sünden und Verbrechen, die in Portugal begangen werden. Deshalb bedroht ein schrecklicher gesellschaftlicher Kataklysmus unser Land und besonders die Stadt Lissabon.
>
> Es wird, wie es scheint, ein Bürgerkrieg anarchistischen oder kommunistischen Charakters ausbrechen, von Plünderungen, Blutbädern, Bränden und Verwüstungen aller Art begleitet. Die Hauptstadt wird sich in ein wahres Bild der Hölle verwandeln.
>
> Wenn die beleidigte göttliche Gerechtigkeit solch schreckliche Strafe verhängt, fliehen alle, die es können aus dieser Stadt. Diese nun vorausgesagte Strafe sollte nach und nach und mit gebotener Diskretion bekanntgegeben werden.[159]

Seit Oktober 1920 bemühte sich der Bischof von Leiria, Lúcia aus Aljustrel zu entfernen, nachdem ein erster Versuch, das Mädchen in Lissabon unterzubringen, im Sommer gescheitert war. Im Juni 1921 wurde sie schließlich nach Porto in Nordportugal gebracht, wo sie am 17. in das von Dorothea-Schwestern geleitete Kinderheim „Asilo Vilar“ aufgenommen wurde. Dort erhielt sie den Namen Maria das Dores und wurde angewiesen, niemandem zu erzählen, wer sie ist und auch nicht über die Ereignisse von

158 Vgl. Carvalho: Fátima, S. 113 mit Verweis auf A Guarda, 5. Juni 1920.

159 DCFS, Doc. 51.

Fátima zu sprechen.[160] Gleich am 21. Juni schrieb sie ihrer Mutter, dass alle Korrespondenz nun über den Bischof von Leiria erfolgen müsse, was sie in einem Brief vom 13. April 1924 noch einmal bekräftigte. Ein direkter Briefwechsel mit der Mutter sei „gegen den Willen des Herrn Bischofs". Und:

> Ich muss das Möglichste tun, um ihn niemals zu enttäuschen, denn ich werde ihm niemals so viele Gefallen zurückzahlen können wie er mir getan hat.[161]

Fortan stand Lúcia unter der Kontrolle des Bischofs und alles, was sie künftig äußerte oder schrieb, wurde von diesem kontrolliert oder gar angeleitet.

Erst im Juni 1925 sah Lúcia ihre Mutter wieder. Sie trafen sich in Braga, auf dem privaten Anwesen des Bischofs von Leiria. Dort gab Maria Rosa ihrer Tochter die Erlaubnis Ordensschwester zu werden. Der Bischof schrieb daraufhin an Formigão:

> Ihr [Lúcias] Eintritt bei den Dorothea-Schwestern ist entschieden und hat meine volle Zustimmung. Lúcia war ein Instrument, dessen sich die Vorsehung bedient hat. Sie hat ihre Rolle erfüllt: sie hat nichts mehr zu tun (...) Sie darf sich in keinster Weise in das Werk einmischen, denn da es von Gott ist, braucht es keine Menschen, wer auch immer sie seien. Aus diesem Grund würde ich es nicht mögen, wenn sie nach Fátima käme. Die Organisation (...) geht weiter, sobald Sie es wollen, aber ohne Lúcia.[162]

Im Oktober des Jahres verließ Lúcia Porto Richtung Spanien und ging nach einem kurzen Aufenthalt in Tui ins Ordenshaus der Dorothea in Pontevedra. Am 2. Oktober 1926, wieder in Tui, begann Lúcia ihr Noviziat und legte zwei Jahre später, am 3. Oktober 1928 ihr zeitliches Ordensge-

160 Vgl. Carvalho: Fátima, S. 121/122.

161 Carvalho: Fátima, S. 143 zitiert aus DCFIV/2, Doc. 409.

162 Carvalho: Fátima, S. 145/146 zitiert aus DCFIV/3, Doc. 653.

lübde ab, am 3. Oktober 1934 in Pontevedra dann das ewige Gelübde. Im Mai 1946 kehrte Lúcia nach Portugal zurück, in ein Dorothea-Kolleg in Vila Nova de Gaia, ehe sie im März 1948 ins Karmeliterkloster nach Coimbra ging, wo sie bis an ihr Lebensende blieb.

Das Heiligtum entsteht

Bereits am 15. Juni 1919 war in der Cova da Iria eine kleine „Erscheinungskapelle“ (Capelinha das Aparições) eingeweiht worden. Der Bau ging auf die Initiative der Gemeindemitglieder von Fátima zurück[163], wurde aus Spenden finanziert und kostenlos von einigen Arbeitern ausgeführt. An den Jahrestagen der Erscheinungen kamen zahlreiche Besucher an den Ort der Erscheinungen und zu der kleinen Kapelle, fliegende Händler und Bauern aus der Umgebung verkauften Verpflegung und Andenken.[164]

Bald nach der Errichtung der Kapelle kümmerte sich Gilberto Fernandes dos Santos, ein begeisterter Fátimapilger, darum, eine Marienstatue für die Kapelle zu besorgen.[165] Dazu berichtete er am 20. August 1919 an Formigão, er sei nach Lissabon gereist, habe aber keine passende Statue finden können. Daher habe er nun die Anfertigung der Statue bei den Herren Fânzeres in Braga in Auftrag gegeben.[166] Ende April 1920 schickten Vater und Sohn Fânzeres die fertige Statue dann per Eisenbahn Richtung Fáti-

163 Schon am 8. Januar 1918 hatte der Pfarrer von Fátima, Manuel Marques Ferreira, den Kardinalpatriarch schriftlich um Weisungen bezüglich des Baus einer Kapelle ersucht, der von einer Gruppe von Gemeindemitgliedern erbeten wurde. Vgl. Carvalho: Fátima, S. 101 mit Verweis auf DCF III/1, Doc. 357. Baubeginn war schließlich der 28. April 1919.

164 Vgl. Torgal: Sol, S. 63/64.

165 Siehe zur Statue der Jungfrau von Fátima auch João Francisco Gomes: A história e o mistério do maior tesouro de Fátima, in observador.pt, 8. Mai 2017.

166 DCFS, Doc. 46. Aus dem Brief geht hervor, dass Formigão die treibende Kraft hinter der Gestaltung der Marienstatue war. Dies ist nicht zuletzt auch daran erkennbar, dass im Widerspruch zu den Beschreibungen der drei Hirtenkinder der Rock der Jungfrau bis zu den Füßen reicht. Auch andere Details aus den Schilderungen der Kinder wurden ignoriert, etwa die Strümpfe, die die Erscheinung an den Füßen getragen haben soll. Vgl. dazu auch Carvalho: Fátima S. 107.

ma, zur nahegelegenen Station Torres Novas.[167] In Fátima angekommen, wurde sie am 13. Mai von Manuel Bento Moreira, dem neuen Pfarrer von Fátima, in der Pfarrkirche gesegnet und sollte anschließend in einer Prozession in die Kapelle in der Cova da Iria gebracht werden, was die Regierung jedoch verbot.[168] Infolgedessen kam es zu Auseinandersetzungen zwischen Gläubigen und der Republikanischen Nationalgarde und die Statue wurde schließlich erst im nächsten Monat, am 13. Juni, in die Kapelle gebracht. Offenbar hatte der republikanische Verwalter Oliveira Santos angesichts der großen Menschenmenge und der Zusammenstöße vom Mai eingelenkt und seine stille Genehmigung erteilt, unter der Bedingung, dass die Überführung ohne großes Aufsehen vonstatten gehe.[169]

Noch kurz zuvor, am 5. Juni, hatte Oliveira Santos in einem Schreiben an die „Vereinigung der Freidenker“ gejubelt:

> Die Reaktion erlitt am 13. Mai (...) einen großen Schlag, der ihr die geplante Parade zerstörte, mit der sie nicht nur einmal mehr die Naivität des ungebildeten Volkes ausbeuten, sondern auch eine Gelegenheit für ihre hasserfüllten Angriffe auf die Republik bereiten wollte.[170]

Am 23. Juni berichtete Fernandes dos Santos in einem Brief an Formigão, beim Aufstellen der Statue übernatürliche Lichterphänomene gesehen zu haben:

> In diesem Moment sehe ich vor mir das verehrte Bildnis gänzlich umgeben von einem durchsichtigen Goldschein, sicher himmlisch (...).[171]

---

167 DCFS, Doc. 54.

168 Siehe dazu das Telegramm des Zivilgouverneurs von Santarém an Artur de Oliveira Santos vom 7. Mai 1920.

169 Vgl. Carvalho: Fátima, S. 117.

170 DCFS, Doc. 56.

171 DCFS, Doc. 57.

Der Bau der Kapelle war zwar von kirchlicher Seite genehmigt worden, die katholische Kirche gab sich offiziell zu dieser Zeit aber weiterhin sehr zurückhaltend. Dennoch begannen katholische Würdenträger um Formigão noch in diesem Jahr 1920, und ab August von José Alves Correia da Silva, dem neuen Bischof von Leiria koordiniert[172], den Erwerb der Cova da Iria und der benachbarten Ländereien in die Wege zu leiten. Die meisten der offiziell als Käufer oder inoffiziell im Hintergrund an den Grundstückskäufen beteiligten Personen gehörten später der 1922 eingesetzten Kanonischen Kommission an, die untersuchen sollte, ob es sich bei den Ereignissen von Fátima um Erscheinungen und Wunder handelte, die die Verehrung der Jungfrau von Fátima – und die Errichtung eines Heiligtums – rechtfertigten.[173] Am 6. Oktober 1920 schrieb Formigão an Faustino José Jacinta Ferreira:

> Nach unserem Treffen in Ourém bin ich nach Fátima gereist und nachdem ich den Pfarrer über unsere Pläne informiert hatte, ging ich zum Haus der Familie Gonçalves aus Montelo, die sich mit den Besitzern der Grundstücke verständigen sollte (...) In der Zwischenzeit musste der Vikar von Torres Novas, der aus Fátima stammt und naher Verwandter der Gonçalves' ist, in diese Ortschaft gehen, wo er sich mit den genannten Besitzern traf, die sich, des Zwecks, um den es sich handelt bewusst, gewillt zeigten, den Besitz an ihren Grundstücken kostenlos oder zu bescheidenen Preisen abzutreten, mit Ausnahme eines Bruders Lúcias, der für seinen übrigens kleinen Teil acht bis zehn contos[174] verlangt.[175]

172 Correia da Silva war am 15. Mai ernannt und am 25. Juli geweiht worden. Das Bischofsamt hatte er am 5. August angetreten und bis zu seinem Tod 1957 inne. Mit ihm stand ein großer Anhänger des Lourdes-Kults an der Spitze der Diözese. Zeitlebens soll er siebzehn Pilgerreisen nach Lourdes unternommen haben, fünf davon als Bischof. Vgl. Torgal: Sol, S. 145 mit Verweis auf C. Barthas: Fátima, S. 252.

173 Vgl. Torgal: Sol, S. 64.

174 Als ein *conto* wurden 1.000 Escudos bezeichnet.

175 DCFS, Doc. 61.

In demselben Brief kam Formigão auf den Vorschlag eines Notars zu sprechen, eine Gesellschaft aus drei vertrauenswürdigen Personen zu bilden, in deren Namen die Grundstücke erworben werden sollten:

> Was mich betrifft, würde ich, falls nötig, diesen Posten nicht verweigern, aber ich glaube, es sollte kein Geistlicher zu der Kommission gehören, um böswillige Unterstellungen von Leuten mit schlechten Absichten zu vermeiden.

Am 16. August des nächsten Jahres schrieb Jacinto Ferreira an Formigão: „Die Ländereien von Fátima sind gekauft, vielleicht mehr als 100 Morgen[176]" und nun sei es möglich, „eine Stadt auf all dem gekauften Land zu bauen."[177]

Am 14. September wurde der erste Kaufvertrag unterschrieben. Anwesend war dabei auch der Bischof von Leiria, der die Gelegenheit nutzte, um der Cova da Iria einen inoffiziellen Besuch abzustatten und die Erlaubnis zu erteilen, dort ab Oktober am 13. eines jeden Monats Messen zu feiern. Im ersten Feldgottesdienst am 13. Oktober wurde dann auch die Kapelle geweiht.[178]

Am 18. November 1921 schickte der Bischof von Leiria einen Brief an den Anfang des Monats eingesetzten neuen Pfarrer von Fátima, Agostinho Marques Ferreira. Auslöser war das Verhalten der Pilger fünf Tage zuvor, am 13. November gewesen:

> Ich habe erfahren, dass am 13. dieses Monats in der Cova da Iria Raketen gezündet wurden und dort sogar Wein verkauft wurde!
> (...)
> Dies ist ein Ort des Gebets und der Buße. Sonst nichts!

176 Einhundert portugiesische Morgen (*jeira*) sind ungefähr 20 Hektar, also 200.000 Quadratmeter. Bis 1943 wurde noch weiteres Land gekauft. Vgl. Torgal: Sol, S. 65.

177 Vgl. Carvalho: Fátima, S. 123 mit Verweis auf DCFIII/3, Doc. 591.
Torgal: Sol, S. 65.

178 Vgl. Torgal: Sol, S. 65.

Der Bischof untersagte dann das Abbrennen von Feuerwerk und den Verkauf alkoholischer Getränke und drohte bei Nichtbeachtung dieser Anweisungen mit dem Verbot der Messfeier in der Cova da Iria. Den Pfarrer wies der Bischof an, das Schreiben in der Pfarrkirche seiner Gemeinde vorzulesen.[179]

1924 und 1925 folgten weitere vom Bischof verfasste oder genehmigte schriftliche Anweisungen und Anleitungen für die nun offiziell organisierten Pilgerfahrten aus dem ganzen Land und das Verhalten der Pilger in Fátima.[180] 1926 erschien zudem die erste Ausgabe eines „Handbuchs für den Fátima-Pilger".[181] Darin wird auch über das Programm der religiösen Akte informiert:

> 1. Die offiziellen Pilgerfahrten sind jeden Monat am 13. (...)
> 2. Von Mai bis Oktober gibt es am 12. jeden Monats um zehn Uhr abends (...) Kerzenprozession und nächtliches Gebet.
> 3. Am frühen Morgen beginnen die Priester die Messe zu feiern und die Heilige Kommunion wird an diejenigen ausgeteilt, die gebührend vorbereitet sind.
> 4. Am Mittag, nach Sonnenzeit, Prozession von Unserer Lieben Frau und Messe für die Kranken und Pilger, begleitet von Gesängen und Rosenkranz.
> 5. Am Ende der Messe (...) Segnung der Kranken (...) und allgemeine Segnung des ganzen Volkes.
> 6. Ansprache durch einen Priester.
> 7. Prozession mit der Statue von Unserer Lieben Frau von Fátima.[182]

---

179 DCFS, Doc. 64.

180 Vom Bischof stammen Recomendação do Bispo de Leiria aos peregrinos, in Voz da Fátima, 13. Juli 1924 und Circular, in Voz da Fátima, 13. Dezember 1925.

181 Manual do Peregrino da Fátima 1926-1928, Lissabon.

182 Manual do Peregrino da Fátima 1926-1928, S. 3.

Gleich auf der nächsten Seite folgt eine „Empfehlung“ des Bischofs von Leiria an die Pilger:

> Die Pilgerfahrten zu Ehren Unsere Lieben Frau vom Rosenkranz von Fátima sollen ihren ursprünglichen Charakter der Frömmigkeit, Buße und Barmherzigkeit behalten.
> Man geht nach Fátima zum Beten, zur Kasteiung und um die Heilige Jungfrau um körperliche und geistige Gesundheit zu bitten.
> (...)
> Das ummauerte Gelände soll während der Pilgerfahrten als ein Tempel betrachtet werden. Die Pilger enthalten sich der Gespräche und wenn sie sprechen müssen, so sei es mit gesenkter Stimme.
> (...)
> Die Unordnung missfällt Gott. Tut alles mit Anstand und Ordnung, empfiehlt der Heilige Paulus (1 Kor. XIV, 40).
> (...)
> Es ist diese Ordnung, vereint mit Frömmigkeit, Buße und Barmherzigkeit, die ich immer von den Pilgern beachtet zu sehen wünsche.
> (...)
> Leiria, 13. Juni 1925.
>
> José, Bischof von Leiria[183]

◆

Die Ereignisse von Fátima blieben den antikirchlichen Republikanern ein Dorn im Auge. Am frühen Morgen des 6. März 1922 wurde die Kapelle zum Ziel radikaler Fátima-Gegner, die sie mit vier Sprengsätzen zu zerstören versuchten. Ein fünfter Sprengsatz war an der mittlerweile von Pilgern und Souvenirjägern gänzlich gerupften Steineiche, dem Ort der an-

183 Manual do Peregrino da Fátima 1926-1928, S. 4/5.

geblichen Erscheinungen platziert worden.[184] Dieser fünfte Sprengsatz jedoch war nicht detoniert und die vier an der Kapelle explodierten hatten das kleine Gotteshaus nicht komplett zerstört. Auch befand sich die Marienstatue am Tag des Anschlags nicht in der Kapelle, sondern in der Kirche von Fátima. Zahlreichen Gläubigen fiel es nicht schwer, dahinter wiederum himmlisches Eingreifen zu vermuten.[185] Dennoch war die Empörung über diesen Anschlag, dessen Urheber offiziell niemals festgestellt werden konnten[186], unter den Gläubigen und in der katholischen Presse immens und mündete augenscheinlich in die Entscheidung des Bischofs, sich nun auch offiziell mit dem Thema Fátima zu befassen. Am 3. Mai veröffentlichte José Alves Correia da Silva ein erstes offizielles Schreiben zu der Angelegenheit, in dem er schließlich eine Kommission berief, die Ereignisse zu untersuchen „und den Prozess nach den kanonischen Gesetzen zu organisieren".[187]

Bereits am 13. März hatten sich als Reaktion auf den Anschlag zahlreiche Gläubige[188] unter der Führung des Pfarrers von Fátima in einer Prozession zur Cova da Iria begeben und dort einen Feldgottesdienst gefeiert. Am 13. Mai folgte eine weitere Prozession zum Ort der Erscheinungen, an der mehrere zehntausend Personen teilgenommen haben sollen, eine Zahl die im Folgejahr möglicherweise noch übertroffen wurde[189].

184 Formigão schrieb schon am 19. Oktober 1917 über den Anblick der Steineiche: „Die Steineiche [ist] bis auf ihren Stamm gekürzt, der wenig höher als eine Handbreit ist... Die Frömmigkeit der Pilger, die ein Andenken des Strauchs bewahren wollten, (...) hat ihn fast gänzlich zunichte gemacht." DCFS, Doc. 18.

185 Siehe hierzu etwa den Bericht von Gonçalo Xavier de Almeida Garrett vom 5. Juni 1922, der von „wunderbaren Tatsachen" spricht, DCFS, Doc. 70.

186 Formigão nannte am 13. April in einem Brief an den Bischof die Namen der von ihm verdächtigten Personen. Angeführt wurde die Liste vom republikanischen Verwalter Oliveira Santos. Carvalho: Fátima, S. 130 zitiert DCFIII/3, Doc. 766.

187 DCFS, Doc. 68.

188 O Século berichtete am 15. März 1922 von 4.000 Teilnehmern, Vgl. Torgal: Sol, S. 87.

189 O Século berichtete am 14. Mai 1922 von 50.000 bis 60.000 Personen. Oliveira Santos schrieb in einem Bericht an den Zivilgouverneur von Santarém vom 31. Oktober 1924 von 25.000 bis 30.000 Teilnehmern. Im selben Bericht schrieb er, dass am 13. Mai 1923 mehr Leute in die Cova da Iria gekommen seien als im Vorjahr. Vgl. Torgal: Sol, S. 88/89.

Im Dezember 1922 und Januar 1923 wurde die Kapelle wiedererrichtet und in den Folgejahren wurden weitere Bautätigkeiten durchgeführt.[190] Zwischen Oktober 1923 und Ende 1924 wurde eine Mauer um das Gelände der Cova da Iria errichtet. Der Zugang war somit nur noch durch Tore möglich, an denen auch die ersten Geschäfte für religiöse Artikel untergebracht wurden. 1924 wurde eine zweite Kapelle (Capela das Missas) und im Folgejahr ein Haus für einen dann 1927 eingesetzten Kaplan gebaut und ein dreizehn Kilometer langer Kreuzweg von Reguengo do Fetal zur Cova da Iria gestaltet. 1927 wurde ein Brunnen mit 15 Wasserspendern angelegt, dessen Wasser bald Wunderkräfte nachgesagt wurden. Es folgten ein ab 1924 errichtetes und 1929 eröffnetes Krankenhaus und Sanatorium zur Versorgung der kranken Pilger, 1928 eine dritte Kapelle (Capela das Confissões, sie wurde 1946 wieder abgerissen) und dann am 13. Mai 1928 die Grundsteinlegung für die Rosenkranz-Basilika (Basílica do Rosário). 1929 wurde zudem eine Elektrizitätswerk eingeweiht, das eine bessere Beleuchtung und Beschallung des Heiligtums ermöglichte.[191]
Die Planung des Brunnen ging bereits auf das Jahr 1921 zurück. Am 17. September diesen Jahres schrieb Faustino José Jacinto Ferreira an seinen späteren Kommissionskollegen Formigão:

> Ich habe bereits angeordnet, eine Sonde zu fertigen, um Wasser zu suchen. Und wenn Wasser erscheint, werden wir ein portugiesisches Lourdes haben – das hoffe ich.[192]

Zwar gelang es tatsächlich, Wasser zu finden, doch wurde der Brunnen hauptsächlich von einer Regenwasserzisterne gespeist, wie Ferreira am 9. November berichtete. Wenig später drückte er seine Zuversicht aus,

---

In O Mensageiro vom 19. Mai 1923 wurde von 80.000 bis 100.000 Personen berichtet. Vgl. Imponente Manifestação de Fé, in O Mensageiro, 19. Mai 1923, S. 1.

190 Vgl. dazu Torgal: Sol, S. 70; Patrick Coelho da Silva: O Santuário de Fátima: arquitetura portuguesa do século XX, Porto 2012, S. 23-26.

191 Vgl. zu der baulichen Entwicklung des Heiligtums Torgal: Sol, S. 70/71.

192 Zitiert nach Carvalho: Fátima, S. 124 mit Verweis auf DCFIII/3, Doc. 641.

dass nicht viel nötig sei, damit diese kleine Quelle als von der Vorsehung bestimmt angesehen werde.[193]

Parallel zu den ersten Bautätigkeiten am späteren Heiligtum wurden rundherum die ersten Bewohner angesiedelt, wenngleich die Entwicklung der auch von den katholischen Würdenträgern gewünschten Ortschaft nicht so verlief, wie von diesen erhofft, da die Bebauung ungeordnet und uneinheitlich vonstatten ging und in ihrem Ergebnis nicht der gefühlten Bedeutung des Ortes gerecht wurde.[194]

Weitere Sonnenwunder?

In »Voz da Fátima« wurde am 13. November 1922 über erneute Sonnenphänomene in der Cova da Iria am 13. Oktober des Jahres während eines Feldgottesdienstes berichtet. Der Artikel ist mit den Initialen V.M. unterzeichnet, was auf die Urheberschaft Formigãos als Visconde de Montelo hindeutet.[195]

Der Autor berichtete von Menschen, die während der Feldmesse beim Betrachten der Sonne in überraschtes Geschrei ausbrachen:

> Wir dachten, es handele sich um die Einbildung simpler und naiver Menschen oder um ein gewöhnliches Phänomen von Autosuggestion. Sie wünschten etwas zu sehen und genau deswegen glaubten sie, irgendetwas Außergewöhnliches am Himmel zu erblicken. (...) Die armen Leute aus dem Volk, die glaubten, außer-

193 Carvalho: Fátima, S. 124 mit Verweis auf DCFIII/3, Doc. 661 und 665.

194 Vgl. Torgal: Sol, S. 73.
1938 lebten dort 147 Personen; es gab zwölf Geschäfte, vier Pensionen und Cafés, ein Hotel, ein Post- und Telegrafenamt und einen Arzt. Vgl. ebd., mit Verweis auf Maria de Fátima Serafim Rodrigues: Problemas Geográficos de um Centro de Peregrinação, Lissabon 1974, S. 51.

195 Repetição do phenomeno solar de 1917?, in Voz da Fátima N.° 2, 13. November 1922, S. 2-3. Andere Artikel der Ausgabe sind mit Visconde de Montello, V. de M. oder eben V.M. unterzeichnet.

> gewöhnliche Zeichen zu sehen, wo es höchstens bloße Lichteffekte gab, mehr scheinbar als real.

Aber immer mehr Leute, darunter auch solche von „gehobener intellektueller Kultur“ sahen laut Verfasser die Phänomene, so dass nun auch er selber reagierte:

> Wir entschieden uns also, einen kurzen Blick zum Himmel zu werfen und mit großer Überraschung und Erstaunen sahen wir vor unseren Augen das Phänomen des 13. Oktober 1917, wenn auch weniger intensiv und für eine kürzere Dauer und ohne die leuchtenden Explosionen jenes Tages.

In einem Brief vom 29. Juni 1923 an Formigão berichtete Henrique Weiss de Oliveira, ein ehemaliger Freimaurer, der sich in Lourdes dem Katholizismus zugewandt hatte, über den 13. Mai des Jahres.

> [Auf dem Weg zur Kapelle in der Cova da Iria] hörte ich von Gruppen, an denen ich vorbeikam, erstaunte Ausrufe über ein wunderbares Phänomen, von dem sie sagten, es in der Sonne gesehen zu haben (...). Ich erinnerte mich, dass ich, als ich am 13. Oktober des vergangenen Jahres zum ersten Mal nach Fátima ging, um mich herum ähnliches erstauntes Stimmengewirr hörte (...). Dieses Mal wollte ich sicher gehen, um in vollem Bewusstsein Zeugnis geben zu können, wann immer und von wem ich gefragt würde. Und ich hielt bei einer Gruppe und blickte in die Sonne, mit der Vorsicht, die Augen vor den direkten Auswirkungen der Sonnenstrahlen zu schützen. Da ich nichts sah, empfahlen sie mir, zu verharren und dass ich etwas sehen würde. Es war lange Ausdauer nötig, um endlich sehen zu können, was alle erstaunte und sie verwundert hatte, dass ich es nicht gesehen hatte. Ich sah in präziser Deutlichkeit und zwei Mal genau das, was den Leuten aus dem Volk in ihrer malerischen Sprechweise den Blättern der

> Mandelblüte ähnelte. Sie fielen aus großer Höhe, gleichzeitig schnell und sanft, als sie in die Nähe des Boden kamen, verschwanden sie. Sehr weiß und leuchtend mit einer brennenden Sonne und bei klarer und ruhiger Luft.[196]

Die Kanonische Kommission

Die vom Bischof von Leiria am 3. Mai 1922 berufene Kanonische Diözesankommission (Comissão Canónica Diocesana) sollte die Ereignisse von 1917 also untersuchen und ergründen, ob sie himmlischen Ursprungs waren. Die Mitglieder der Kommission waren João Quaresma (Generalvikar der Diözese), Faustino José Jacinto Ferreira (Prior von Olival), Manuel Marques dos Santos (Pfarrer und Lehrer am Seminar von Santarém), Joaquim Coelho Perreira (Prior von Batalha), Joaquim Ferreira Gonçalves das Neves (Prior von Santa Catarina da Serra), Agostinho Marques Ferreira (Pfarrer von Fátima[197]) und Manuel Nunes Formigão. Gleich am 4. Mai 1922 trat die Kommission nach einem gemeinsamen Besuch der Messe zusammen, um den kanonischen Schwur zu leisten. Darüber hinaus wurde lediglich beschlossen, dass eine über alle Informationen und Ereignisse von Fátima berichtende monatlich erscheinende Zeitung namens »Voz da Fátima« herausgegeben werden solle.[198]

Da es keine Hinweise auf weitere Treffen gibt, muss man davon ausgehen, dass diese erste gleichzeitig auch die letzte Versammlung vor der Verabschiedung des Abschlussberichts fast acht Jahre später, im April 1930 war. Davon abgesehen trat die Kommission nur noch für zwei Zeugenbefragungen in Erscheinung. Am 28. September 1923 wurden die Eltern der

196 DCFS, Doc. 79.

197 Nicht zu verwechseln mit Manuel Marques Ferreira, der von 1914 bis 1919 Pfarrer von Fátima war und auch die Befragungen der Kinder durchgeführt hatte. Agostinho Marques Ferreira hatte das Amt des dortigen Pfarrers am 2. November 1921 angetreten und den nur kurz amtierenden Manuel Bento Moreira ersetzt.

198 Das Sitzungsprotokoll dazu in DCFS, Doc. 69.

bereits verstorbenen Hirtenkinder Jacinta und Francisco verhört, ebenso Lúcias Mutter und vier andere Gemeindemitglieder.[199] Die Befragungen wurden von Formigão und Manuel Marques dos Santos in Anwesenheit eines Zeugen geführt. Kein anderes Mitglied der Kanonischen Kommission war anwesend. Keiner der Befragten konnte schreiben, ihre Aussagen wurden von einem Protokollanten dokumentiert.[200] Am 8. Juli 1924 verhörten Formigão und Marques dos Santos in Porto die mittlerweile 17 Jahre alte Lúcia in Anwesenheit ihres Beichtvaters und Generalvikars von Porto, Manuel Pereira Lopes.[201] „Auf die heiligenden Evangelien schwörend, die Wahrheit zu sagen und nur die Wahrheit", berichtete Lúcia im Lauf der Befragung einige Dinge, die im Widerspruch zu vorher gemachten Angaben und Ereignissen stehen. So erklärte sie nun, die Frau, die ihr und den beiden anderen Kindern erschienen sei, habe ausgesehen als sei sie zwischen 18 und 22 Jahre alt. Auch berichtete Lúcia über den August 1917 von einem weiteren Tag im Haus des Verwalters Oliveira Santos. Die Kinder waren am 15. August von dort zurückgebracht worden, doch Lúcia sagte nun, dies sei am 16. August geschehen und noch am selben Tag sei ihr in Valinhos die Frau erschienen. Der tatsächliche Tag der angeblichen Erscheinung von Valinhos war jedoch der 19. August. Auch behauptete Lúcia nun erstmals, den drei Kindern sei in den Tagen ihrer Entführung angedroht worden, sie in siedendes Öl zu schmeißen.[202] Die Augusterscheinung habe, so Lúcia weiter, auf ihre Bitte um ein Wunder ein Zeichen der Sonne angekündigt und dass Josef, das Jesuskind, Unsere Liebe Frau vom Rosenkranz, Unsere Liebe Frau der Schmerzen[203] und Unser Herr, der der Welt Frieden bringe, erscheinen würden.

---

199 DCFS, Doc. 80. Lúcias Vater war in der Zwischenzeit ebenfalls verstorben (31. Juli 1919).

200 Einige der bei dieser Befragung gemachten zentralen Aussagen wurden hier bereits in dem Abschnitt über die Ereignisse des 13. Oktober 1917 zitiert.

201 DCFS, Doc. 82.

202 Vgl. dazu oben den Abschnitt über den 13. August 1917 und die Folgetage.

203 Nossa Senhora das Dores.

Lúcia erwähnte während des Verhörs auch wiederholt, häufig und von vielen Seiten bedrängt worden zu sein, nicht nur im Hause des republikanischen Verwalters.

Über die Zeit nach dem 13. Juni sagte sie:

> Ich wurde von vielen Leuten besucht, darunter Geistliche, die mich mit Fragen bedrängten und mit mir schimpften. Personen aus meiner Familie sagten mir, ich würde lügen, und meine Mutter schlug mich mit einem Besenstiel.

Über die Zeit nach der August-Erscheinung:

> Viele Leute [kamen zu mir nach Hause] und sogar viele Geistliche, einige nannten mich Hochstaplerin.

Im September sei sie oft in der Cova da Iria gewesen,

> denn ständig baten uns Leute darum, dort hinzugehen und mit ihnen den Rosenkranz zu beten. Am dreizehnten ging ich auch in Begleitung von vielen Leuten dort hin, meine Cousins [Jacinta und Francisco] waren schon da, mit vielen Menschen...

An diesem Tag habe sie die Erscheinung erneut um ein Wunder gebeten, damit das Volk glaube,

> denn sie sagten, ich sei eine Hochstaplerin und sollte gehängt und verbrannt werden.[204]

Zum Schluss der Befragung erklärte Lúcia:

---

204 Ähnliches berichtete João Marto, der Bruder von Jacinta und Francisco in einem Interview im Februar 2000, kurz vor seinem Tod:
„Alle Leute kamen, um die Kinder zu sehen, und sie sagten ihnen: »Wenn es ein Wunder gibt, dass beweist, dass es wahr ist, glauben wir. Wenn es kein Wunder gibt: ihr Unglücklichen, die hier das getäuschte Volk hinbringen«. Wir wussten nicht, was passieren würde, wir hatten dauernd Angst." Siehe A trabalhar ou a andar com as ovelhas eram como outra criança qualquer... Interview mit João Marto, in António Marujo/Rui Paulo da Cruz: A Senhora de Maio, S. 35-39, hier S. 38.

> Ich bin mir sicher, was ich gesehen habe und dass ich mich nicht getäuscht habe; selbst wenn man mich töten würde, würde mich niemand dazu bringen, das Gegenteil zu sagen.

Und:

> Bevor sie [die Frau] sagte, Unsere Liebe Frau vom Rosenkranz zu sein, wusste ich nicht, wer sie war; jetzt bin ich überzeugt, dass es Unsere Liebe Frau war.

Das nächste überlieferte Dokument der Kommission ist ihr Abschlussbericht vom 13. April 1930 und seine vom Folgetag datierende Verabschiedung durch die noch lebenden Kommissionsmitglieder.[205]

Der Bericht besteht zu großen Teilen aus Texten und Artikeln, die Formigão, zumeist unter dem Pseudonym Visconde de Montelo, bereits früher veröffentlicht hatte, etwa in seinem Buch „Os Episódios Maravilhosos de Fátima" (Die wunderbaren Ereignisse von Fátima) von 1921.[206] In einigen zentralen Punkten wurden zudem Fakten durch merkwürdige Deutungen zurechtgebogen. So heißt es dort etwa, die Erscheinung habe gemeint, der Krieg ende in Kürze, da das Wort „heute" nach alttestamentarischer Lesart „eine mehr oder weniger lange Periode" bedeuten könne. Laut den ersten Aussagen der Kinder jedoch hatte die Erscheinung das Kriegsende für jenen 13. Oktober 1917 angekündigt, was bekanntermaßen nicht zutraf.

In den „Schlussbetrachtungen" des Abschlussberichts hieß es:

> Die Schlussbetrachtungen dieses Berichts können nur zugunsten der Realität der Erscheinungen und des übernatürlichen und göttlichen Ursprung derselben sein. (...) Die Seher haben, wie die psychophysiologische Analyse ihrer Personen und die sorgfältige

205 DCFS, Doc. 120 und 121.
Faustino José Jacinto Ferreira (1924) und Joaquim Coelho Pereira (1929) waren gestorben, ihre Plätze in der Kommission nicht neu besetzt worden.

206 Os Episódios Maravilhosos de Fátima ist abgedruckt im Anhang der DCFS. Vgl. auch Torgal: Sol, S. 156, der noch weitere Texte identifiziert hat.

und strenge Prüfung ihrer Aussagen zeigen, sich weder getäuscht, noch hatten sie die Absicht, zu täuschen (...). Gerade der Fall der Vorhersage, die sich auf das nahe Ende des großen europäischen Krieges bezieht, kann mehr als eine plausible Lösung haben, und eine, die den anspruchsvollsten Geist völlig beruhigt. (...) Nichts beweist, dass eines der Kinder bewusst nicht die Wahrheit gesagt hat. Ebenso beweist nichts, dass eines von ihnen Opfer irgendeiner Illusion oder Halluzination war. (...) Die Weisheit ihrer Antworten, in Kombination mit kindlicher Naivität, offenbart einen normalen Geist, eine unbeschwerte und ruhige Vorstellungskraft, einen ungewöhnlich guten Verstand. (...) Die Nachricht von den Erscheinungen von Fátima, wie die von den Erscheinungen von Lourdes, verbreitete sich blitzschnell und bereits anlässlich der sechsten und letzten Erscheinung. Ohne dass es eine Einladung, Ankündigung oder vorherige Organisation gegeben hätte, versammelte sich in der Cova da Iria eine wirklich erstaunliche Menge von Pilgern, sowohl quantitativ als auch qualitativ, wenn man die Umstände von Wetter, Entfernung und Zugang berücksichtigt. (...)

Und als der Zyklus der Erscheinungen endgültig vorbei war, verstärkte sich der Zulauf der Pilger und seit dreizehn Jahren bildet dieser unaufhörliche und reißende Strom der Menschenmengen, die ins portugiesische Lourdes eilen, eines der schönsten und berührendsten Schauspiele, die sich auf der Erde erleben lassen. Die schwachen Seelen geraten in Wallung, die gleichgültigen kehren zu den religiösen Praktiken zurück und die Sünder versöhnen sich mit Gott. Alle betrübten und beunruhigten Herzen finden in diesem gesegneten Quell himmlischer Gnade Stärkung und Trost, den sie brauchen, um mit Verzicht ihr Kreuz zu tragen. (...) Die Wahrhaftigkeit der Kinder wird von vielen Menschen verkündet, die sie kannten und sie für unfähig halten zu lügen, wie sich in verschiedenen Dokumenten sehen lässt, die Teil des kanonischen Prozesses sind. (...) Das Phänomen der Rauchwolke und das Sonnenphänomen sind Fakten, die man nicht auf natürliche Weise erklären kann. Noch viel weniger kann man natürlich Lucias Vorhersage des Sonnenphänomens erklären, die am Tag und zu der Stunde, die die Seherin bezeichnete, wahr wurde. Die von den Sehern in den Befragungen abgegebenen Erklärungen (...) und besonders die Aussage Lúcias, die ohne Frage die Hauptseherin ist, in der Befragung in Porto (...) erlauben keine Zweifel an der Ehrlichkeit der Kinder. (...) Das Erscheinen einer reichhaltigen Wasserquelle gleich am Ort der Erscheinungen, in einer Region, in der es keine Quellen, sondern nur Brunnen mit Regenwasser gibt, ist eine wahrhaft von der Vorsehung bestimmte Tatsache, vor allem wenn man den dringenden und zwingenden Bedarf an Wasser für die Pilger, für die Bewohner der Umgebung, für die zum Transport der Pilger genutzten Tiere und für die großartigen Arbeiten in der Cova da Iria und auf dem Gelände der zukünftigen Stadt Fátima bedenkt. (...) Der Zustrom der Pilger, deren Zahl ungleich höher als die der Pilger von Lourdes ist, (...) die zahlreichen und unaufhörlich bewirkten Bekehrungen nicht nur in Fátima, sondern im ganzen Land, (...) die Inbrunst des Glaubens und der Frömmigkeit des portugiesischen Volkes (...), die erstaunliche und höchst unerklärbare Verbreitung des Kultes Unserer Lieben Frau von Fátima in unserem Vaterland und vielen anderen Ländern der Welt, der Zustrom von Almosen, so viele und viele von ihnen so beträchtlich, dass sie die sofortige Errichtung einer der größten Kirchen der Christenheit erlauben, (...) und zum Schluss die großen Bekundungen von Glauben und Frömmigkeit, deren Schauplatz die Cova da Iria oder besser gesagt ganz Portugal an den dreizehnten des Mai und Oktober jeden Jahres ist und die nichts haben, womit man sie in diesem Univer-

> sum vergleichen könnte, sind weitere Argumente von großem Wert zugunsten der übernatürlichen Tat von Fátima. (...) Und als letzte Bestätigung (...) die lange Reihe von Wunderheilungen, viele davon als solche von der Wissenschaft bestätigt.

Mitteilungen über angebliche Marienerscheinungen an anderen Orten sprach der Bericht jegliche Glaubwürdigkeit ab, sah in ihnen gar das Werk der Fátima-Gegner:

> Die Mächte der Hölle, verbündet mit denen der Erde, bedienten sich aller Mittel, die Erscheinungen von Fátima zu diskreditieren (...). Eines dieser Mittel, übrigens schon in Lourdes erfolglos eingesetzt, war das Auswerfen eines breiten Netzes fiktiver himmlischer Erscheinungen und Visionen.[207]

In den Maschen dieses Netzes sollten, so hieß es weiter, „die ignoranten und leichtgläubigen Volksmassen" mitgerissen werden. Derartige „pseudo-übernatürliche" Erscheinungen seien aber nicht von Dauer gewesen, denn „die falsche Münze verschwindet schnell aus dem Umlauf."

Am 13. Oktober 1930 erklärte der Bischof von Leiria daraufhin die Visionen der Kinder für glaubwürdig und erteilte die offizielle kirchliche Erlaubnis zur Verehrung der Jungfrau von Fátima.[208]

---

207 Hier vergaß oder ignorierte Formigão jedoch die Tatsache, dass einige der von ihm an dieser Stelle genannten angeblichen Erscheinungen, etwa die von Barral und Estarreja, lange vor denen von Fátima stattgefunden hatten.

208 DCFS, Doc. 133. Das gesamte Dokument ist auch abgedruckt in Torgal: Sol, S. 303-311.

Fátima von den 1930er Jahren bis zur Jahrhundertwende

Die Diktatur und Fátima

Am 28. Mai 1926 wurde die Erste Republik durch eine Militärrevolte beendet. Von den Anführern des Aufstandes konnte sich nur der General Carmona an der Macht halten. Unter ihm erfolgte der politische Aufstieg von António de Oliveira Salazar, der das Land zunächst als Finanzminister vor dem drohenden Bankrott rettete und dann den autoritären Estado Novo (Neuen Staat) errichtete, an dessen Spitze er bis 1968 regierte.[209]
Salazar war in bescheidenen Verhältnissen in einem konservativ-katholischen Elternhaus aufgewachsen, hatte ein Priesterseminar besucht und dort die niederen Weihen erhalten. Anschließend hatte er an der Universität Coimbra zuerst studiert und dann gelehrt. Aus seiner Studienzeit resultierte eine enge Freundschaft mit Manuel Gonçalves Cerejeira, der 1929 zum Kardinalpatriarch von Lissabon ernannt wurde. Beide waren in zentralen Positionen im konservativen Akademischen Zentrum christlicher Demokratie (CADC) aktiv gewesen.
Mit dem Sturz der Republik endete der Konflikt zwischen Staat und Kirche. Salazar dienten Kirche und Katholizismus als wichtige Pfeiler seiner Diktatur, der Wahlspruch seines Regimes lautete „Gott, Vaterland, Familie“. Zwar blieb die Trennung von Staat und Kirche auch in der Verfassung von 1933 bestehen, aber beide Seiten arbeiteten fortan eng zusammen, wobei Fátima ein zentrales Element darstellte.[210] Salazar war ein zurückhaltender Herrscher, der am liebsten von seinem Arbeitszimmer aus die Fäden zog. Staatsbesuche, Empfänge und ähnliche Anlässe mied er

209 Zur Salazar-Diktatur in Portugal siehe Dirk Friedrich: Salazars Estado Novo. Vom Leben und Überleben eines autoritären Regimes 1930-1974, Bonn 2016.

210 Vgl. Rita Almeida de Carvalho: A atitude de Salazar, in Visão História N.° 39, S. 65-69.

normalerweise und ließ sich vom Staatspräsidenten Carmona oder von Ministern vertreten. Dementsprechend war er auch nur sehr selten in Fátima, entsandte jedoch stets Mitglieder seiner Regierung dorthin und tauschte sich regelmäßig mit seinem Freund Cerejeira über die Vorbereitungen der offiziellen Veranstaltungen dort aus.[211] Einer der Besuche Salazars im Heiligtum fand am 13. Mai 1929 statt, gut drei Jahre bevor er zum alleinigen Machthaber wurde. Anlässlich der Einweihung des neuen Elektrizitätswerkes war der regierende General Carmona mit einigen seiner Minister, darunter auch der Finanzminister Salazar, nach Fátima gekommen – der Besuch war eine unmissverständliche politische Erklärung zum neuen Verhältnis von Staat und Kirche.

Lúcia hatte seit ihrem Weggang aus Aljustrel von weiteren Erscheinungen berichtet, erstmals am 10. Dezember 1925. Als sich Papst Pius XI.[212] im Februar 1930 öffentlich gegen Sowjetrussland wendete, kündigte der Bischof von Leiria an: „Die Pilgerfahrt zum Heiligtum von Unserer Lieben Frau vom Rosenkranz von Fátima am kommenden 13. März wird hauptsächlich zum Gebet für Russland nach den Wünschen des Heiligen Vaters sein." Im folgenden Mai erschien Lúcia nach eigener Aussage abermals die Jungfrau Maria und habe die Weihe Russlands und das Ende der dortigen Christenverfolgung in Aussicht gestellt.[213]

Für den 13. Mai des folgenden Jahres 1931 wurde die erste „nationale Pilgerfahrt" ausgerufen. Angeführt von Kardinalpatriarch Cerejeira, fast allen portugiesischen Bischöfen und dem päpstlichen Nuntius versammelte sich eine große Menschenmenge in Fátima – wohlwollende Berichterstatter schrieben von 300.000 Pilgern. Cerejeira dankte an diesem Tag der Jungfrau Maria, dass sie „nach der Finsternis der Nacht" die „Morgenröte des Lichts und der Hoffnung" gebracht habe und weihte ihr das „Portugie-

211 Vgl. Almeida de Carvalho: A atitude, S. 66.

212 Pius XI. amtierte bis zu seinem Tod 1939, auf ihn folgte Pius XII.

213 Vgl. Barreto: Um século.

sische Vaterland".[214] Die „Finsternis der Nacht" war eine leicht verständliche Anspielung auf die gestürzte Republik und darauf, dass einen Monat zuvor im Nachbarland Spanien die Zweite Spanische Republik ausgerufen worden und der spanische König ins Exil gegangen war.

Nachdem am 12. September 1935 die sterblichen Überreste Jacintas auf den Friedhof von Fátima umgebettet worden waren, bat der Bischof Lúcia im Dezember darum, ihre Erinnerungen an ihre Cousine niederzuschreiben. Innerhalb weniger Tage schrieb sie daraufhin die erste von insgesamt vier „Erinnerungen" über die Ereignisse rund um die Erscheinungen von 1917.[215] In dieser ersten Erinnerung stellte sie die jung verstorbene Jacinta als ein sehr frommes kleines Mädchen dar, das für die Bekehrung der Sünder Opfer brachte, etwa indem sie und ihr Bruder Francisco auf Essen und Trinken verzichteten. Auch soll Jacinta, als sie bereits krank war, die Jungfrau abermals erschienen sein, um ihr den Tod Franciscos und ihr, Jacintas, eigenes Leiden und Ableben im Krankenhaus anzukündigen.[216]

Nach dem Wahlsieg der linken Volksfront in Spanien im Februar 1936 versammelten sich die portugiesischen Bischöfe in Fátima, baten die Jungfrau Maria um Schutz vor der kommunistischen Gefahr und versprachen ihr eine Dankesprozession, die sie am 13. Mai 1938 im Rahmen einer nationalen Pilgerfahrt erneut nach Fátima führte.[217] Kurz zuvor, an Ostern desselben Jahres – der im Juli 1936 ausgebrochene Spanische Bürgerkrieg hatte sich klar zugunsten der nationalistischen Truppen unter Franco entwickelt – haben die portugiesischen Bischöfe in einem gemeinsamen Hirten-

---

214 Vgl. Torgal: Sol, S. 92, 171.

215 Diese vier Erinnerungen wurden gemeinsam veröffentlicht in Memórias da Irmã Lúcia I, Compilação do P.[e] Luis Kondor, Fátima [13]2007. Zur ersten Erinnerung siehe ebd., S. 33-64.

216 Memórias da Irmã Lúcia I, S. 59-62.

217 Vgl. zum Widerhall der weltpolitischen Ereignisse in Fátima José Barreto: Um século de mensagens de Fátima, portugiesische Übersetzung des Artikels I messaggi di Fatima tra anticomunismo, religiosità popolare e riconquista cattolica, in Memoria e Ricerca 3/2016, S. 395-420. Und zur Entwicklung der Erinnerungen Lúcias auch Carvalho: Fátima, S. 176-195.

brief der Vorsehung dafür gedankt, dass Salazar im Vorjahr ein Attentat unverletzt überlebt hatte und Portugal vom Krieg in Spanien und der „Lepra des atheistischen Kommunismus“ verschont geblieben war. In dem Schreiben heißt es: „Seit Unsere Liebe Frau von Fátima im Himmel von Portugal erschienen ist, liegt ein besonderer Segen über dem portugiesischen Land.“ Die politische Entwicklung im Nachbarland war von Lissabon mit Sorge beobachtet worden. Seit der Ausrufung der Republik in Spanien standen sich die portugiesische und die spanische Politik in unvereinbarem Gegensatz gegenüber. Ein Sieg der Volksfronttruppen im Bürgerkrieg hätte für den Estado Novo eine existenzielle Bedrohung dargestellt. Dementsprechend gehörte die Beschwörung einer „roten Gefahr“ fest zur salazaristischen Propaganda. Ab 1938 schrieb auch der »Diário de Manhã« das Presseorgan des Regimes, in höchsten Tönen von Fátima und der Regierung Salazars als himmlischer Vorsehung.[218]

Im November 1937 schrieb Lúcia auf Aufforderung des Bischofs ihre zweite Erinnerung auf[219], in denen sie von den Erscheinungen des Engels („Engel von Portugal“) berichtete, die ihr vor 1917 widerfahren seien.[220] Nun gab Lúcia an, Jacinta und Francisco seien bei diesen Vorkommnissen bei ihr gewesen; während der Befragung durch Formigão Anfang November 1917 hatte sie noch die Namen anderer Kinder, nicht aber von Jacinta oder Francisco genannt.[221]

In den Dreißiger Jahren nahm auch die internationale Bekanntheit Fátimas zu, im deutschsprachigen Raum durch den Bamberger Theologen Ludwig Fischer (1890-1957).[222] 1929 gründete dieser die Zeitschrift »Bote

---

218 Vgl. Almeida de Carvalho: A atitude, S. 66.

219 Memórias da Irmã Lúcia I, S. 65-118.

220 Memórias da Irmã Lúcia I, S. 77-79. Davon war offensichtlich in Lúcias Familie und im Ort Aljustrel schon zuvor die Rede gewesen, in den Befragungen 1917 hatte das Mädchen diese Erscheinungen jedoch bestritten.

221 Vgl. DCFS, Doc. 22.

222 Zu Ludwig Fischer und seiner Beschäftigung mit Fátima vgl. auch Rudolf Kirchgrabner: Die Rezeption der Botschaft von Fatima im Lebenswerk von Prof. Dr. Ludwig Fischer, in Manfred Hauke (Hg.): Fatima – 100 Jahre danach, Regensburg 2017, S. 162-172. Und

von Fatima«, in der auch übersetzte Artikel aus »Voz da Fátima« gedruckt wurden. 1930 erschien mit »Fátima, das portugiesische Lourdes« das erste von zahlreichen Büchern Fischers zum Thema.[223] Fischer wurde in der Diözese von Leiria hoch geschätzt und war ein gern gesehener Gast im Heiligtum. 1935 durfte er an der Überführung des Sargs mit den sterblichen Überresten Jacintas auf den Friedhof von Fátima mitwirken.

Bald nach dem für den Estado Novo günstigen Ende des Spanischen Bürgerkriegs im März 1939 brach im September der Zweite Weltkrieg aus und Hitlerdeutschland und das kommunistische Russland besetzten Polen. Die Welt war schockiert und auch in Portugal herrschte große Verwirrung, besonders weil das Deutsche Reich, dem das Regime in Lissabon unter einigen Aspekten durchaus nahestand, nun mit dem kommunistischen Russland paktierte. Ende November des Jahres bat der Bischof von Leiria Lúcia um eine „Erklärung über alles, was mit dem Heiligen Vater, Russland und dem Krieg zu tun hat“. Im Januar 1940 bezeichnete Lúcia daraufhin Russland als den Verursacher des Spanischen Bürgerkriegs und des Zweiten Weltkriegs. Und im Oktober schrieb sie auf Anweisung des Bischofs von Leiria einen Brief an Papst Pius XII., in dem sie berichtete, die Weihe Russlands sei Teil des Geheimnisses, dass die Erscheinung ihr und den beiden anderen Hirtenkindern im Juli 1917 mitgeteilt habe. Im Sommer 1941, nach Beginn der deutschen Invasion in Russland, wies der Bischof Lúcia abermals an, über Russland und den Krieg zu schreiben, woraufhin sie in ihrer dritten Erinnerung von den ersten zwei der drei Teile, aus de-

---

Monique Scheer: Rosenkranz und Kriegsvisionen: Marienerscheinungskulte im 20. Jahrhundert, Tübingen 2006, besonders S. 80-91, zur Fátimarezeption in Deutschland auch die daran anschließenden Ausführungen.

223 Weitere Bücher von Ludwig Fischer über Fátima: Fatima im Lichte der kirchlichen Autorität (1931); Hyazintha, die kleine Blume von Fatima (1934), Die Botschaft Unserer Lieben Frau von Fatima (1937).
Fischer hatte ab den frühen Zwanziger Jahren für die rechtskatholische Zeitung Schildwache und ab 1933 auch für deren Monatsbeilage Fatima-Bote geschrieben. Vgl. Franziska Metzger: Die „Schildwache“: eine integralistisch-rechtskatholische Zeitung 1912-1945, Freiburg/Schweiz 2000, S. 159-160.

nen das Geheimnis bestehe, berichtete.[224] 1942 wurde die Erinnerung veröffentlicht. Der erste Teil sei demnach eine Vision der Hölle gewesen, der zweite die Offenbarung, dass die Bekehrung Russlands Voraussetzung für Frieden in der Welt sei und dass anderenfalls ein schlimmer Krieg drohe:

> Der erste Teil war eine Vision der Hölle. Unsere Liebe Frau zeigte uns ein großes Feuermeer, das in der Tiefe der Erde zu sein schien. Eingetaucht in dieses Feuer sahen wir die Teufel und die Seelen, als seien es durchsichtige schwarze oder braune glühende Kohlen in menschlicher Gestalt. Sie trieben im Feuer dahin, emporgeworfen von den Flammen, die aus ihnen selber zusammen mit Rauchwolken hervorbrachen. Sie fielen nach allen Richtungen, wie Funken bei gewaltigen Bränden, ohne Schwere und Gleichgewicht, unter Schmerzensgeheul und Verzweiflungsschreien, die einen vor Entsetzen erbeben und erstarren ließen. Die Teufel waren gezeichnet durch eine schreckliche und grauenvolle Gestalt von scheußlichen, unbekannten Tieren, aber auch sie waren durchsichtig und schwarz. (...)
> Wir erhoben den Blick zu Unserer Lieben Frau, die voll Güte und Traurigkeit sprach:
> Ihr habt die Hölle gesehen, wohin die Seelen der armen Sünder kommen. Um sie zu retten, will Gott in der Welt die Andacht zu meinem Unbefleckten Herzen begründen. Wenn man tut, was ich euch sage, werden viele Seelen gerettet werden, und es wird Friede sein. Der Krieg wird ein Ende nehmen. Wenn man aber nicht aufhört, Gott zu beleidigen, wird unter dem Pontifikat von Papst Pius XI. ein anderer, schlimmerer beginnen. (...) Um das zu verhüten, werde ich kommen, um die Weihe Russlands an mein unbeflecktes Herz (...) zu verlangen. Wenn man auf meine Wünsche hört, wird Russland sich bekehren und es wird Friede sein.

224 Memórias da Irmã Lúcia I, S. 119-132. Den dritten Teil des Geheimnisses schrieb Lúcia 1944 auf.

> Wenn nicht, wird es seine Irrlehren über die Welt verbreiten, wird Kriege und Kirchenverfolgungen heraufbeschwören. Die Guten werden gemartert werden, der Heilige Vater wird viel zu leiden haben, verschiedene Nationen werden vernichtet werden, am Ende aber wird mein Unbeflecktes Herz triumphieren. Der Heilige Vater wird mir Russland weihen, das sich bekehren wird, und der Welt wird eine Zeit des Friedens geschenkt werden.[225]

Als Lúcia im Oktober 1941 dem Bischof von Leiria ihre dritte Erinnerung übergab, erhielt sie sogleich die Anweisung, eine vierte zu schreiben, dieses Mal über Francisco, Jacinta und die verschiedenen Erscheinungen. Am 8. Dezember hatte die mittlerweile 34jährige auch diesen Auftrag erfüllt.[226]

Nach dem Ende des Zweiten Weltkriegs schien die Demokratisierungswelle in weiten Teilen Westeuropas zunächst auch den Estado Novo gefährden zu können. Bereits in den Kriegsjahren hatte das Regime mit internen Problemen und gesellschaftlichen Unruhen zu kämpfen gehabt und nicht wenige hofften nun auch in Portugal auf einen demokratischen Wandel. Doch Salazar gelang es, die Gefahr im Inneren durch fadenscheinige Zusagen und anschließendes hartes Vorgehen gegen die Opposition zu bannen. Der strikte Antikommunismus des Regimes sorgte zugleich dafür, dass die Westmächte im heraufziehenden Kalten Krieg die Diktaturen der Iberischen Halbinsel duldeten.

Für den November 1945 hatte das Lissabonner Regime freie Wahlen angekündigt, einige Tage vor den Wahlen schrieb Lúcia dem Bischof von Leiria, sie habe eine himmlische Botschaft empfangen, derzufolge Salazar von Gott auserwählt sei, das Land weiter zu regieren[227]:

225 Deutsche Übersetzung zitiert aus Kongregation für die Glaubenslehre: Die Botschaft von Fátima, Vatikan 2000. Siehe auch Memórias da Irmã Lúcia I, S. 120-122.

226 Memórias da Irmã Lúcia I, S. 133-190.

227 Vgl. zu diesem Brief José Barreto: Uma carta de Lúcia sobre as eleições de 1945, in Marujo/Cruz: Senhora de Maio, S. 318-324.

> Die Einschränkungen und Leiden der letzten Jahre waren keine Folgen irgendwelcher Fehler Salazars, sondern Prüfungen, die Gott uns für unsere Sünden sandte.

Die salazaristische „Nationale Union“ gewann bei den Wahlen am 18. November sämtliche Sitze der Nationalversammlung, nachdem die Opposition eine Woche zuvor wegen Repression durch das Regime ihren Verzicht auf die Teilnahme erklärt hatte. Mit gestrafftem Unterdrückungsapparat und einigen personellen Umbesetzungen gingen Salazar und der Estado Novo somit gar gestärkt aus der Kriegs- und Nachkriegszeit hervor.
Am 13. Mai 1946 wurde der Statue der Jungfrau von Fátima eine goldene und mit zahlreichen Edelsteinen besetzte Krone dargebracht. Das Material dazu stammte von portugiesischen Frauen, die aus Dank dafür, dass das Land nicht in den Zweiten Weltkrieg verwickelt worden war, 1942 Schmuck gespendet hatten, aus dem die Krone angefertigt wurde.[228] Anlässlich der Krönung der Marienstatue kam der päpstliche Gesandte nach Fátima und wurde mit militärischen Ehren empfangen. Ein Infanterieregiment mitsamt Kapelle hielt dabei vor zahlreichen Regierungsvertretern und einem begeisterten Publikum Einzug ins Heiligtum. Die Krönung folgte einem Zeremoniell, an dem Vertreter der Regierung und der Kirche beteiligt waren[229], Papst Pius XII. schickte eine offizielle Nachricht.[230] Im

---

Am 13. November hatte Cerejeira Auszüge des Briefes an Salazar geschickt, dabei dem Freund und Diktator aber offensichtlich eine Passage vorenthalten, an der es hieß, es sei Gottes Wunsch, dass die portugiesischen Bischöfe in den Tagen vor der Wahl dem Volk mitteilen, dass Salazar der Auserwählte sei. Eine derartige Wahlaufforderung gaben die Bischöfe nicht ab. Der Brief Cerejeiras wurde 1998 der Öffentlichkeit zugänglich gemacht, das Originalschreiben Lúcias an den Bischof erst später rekonstruiert.

228 Die Krone wiegt 1,2 Kilogramm und ist besetzt mit 950 Brillanten, 1.400 Diamanten, 313 Perlen, einem großen und dreizehn kleinen Smaragden, 33 Saphiren, 17 Rubinen 260 Türkisen, einem Amethyst und vier Aquamarinen. Vgl. L.A.M.: Um século de Fátima, in Visão História N.° 39, S. 14-17, hier S. 16.

229 Vgl. Almeida de Carvalho: A atitude, S. 67/68.

230 Die päpstliche Nachricht ist komplett abgedruckt in Voz da Fátima, N.° 285, 13. Juni 1946. In derselben Ausgabe befindet sich auch ein feierlicher Artikel des Visconde de Montelo über die Zeremonie am 13. Mai.

Anschluss wurde eine erste Kopie der Statue angefertigt, mit der die Botschaft von Fátima in die Welt getragen werden sollte.[231]
1953 erklärte Kardinalpatriarch Cerejeira in einem großen Werk über Fátima das Heiligtum zum „Altar der Welt“. Darin heißt es:

> Fátima gehört schon nicht mehr nur zu Portugal. Es breitet sich über die ganze Erde aus (...) Fátima, Altar der Welt, stellt sich Moskau, Hauptstadt des Reichs des Antichrists, entgegen.[232]

In diesem Jahr war nach 25 Jahren Bauzeit die Rosenkranzbasilika geweiht worden. Die Überreste der beiden bereits verstorbenen Hirtenkinder wurden in Gräber im Querschiff der Kirche umgebettet, wo auch Lúcia nach ihrem Tod 2005 beigesetzt wurde.

Am 13. Mai 1967 kam erstmals ein Papst nach Fátima. Paul VI. besuchte das Heiligtum anlässlich das 50. Jahrestags der ersten Erscheinung.[233] Das Regime um den alternden Diktator Salazar war im Niedergang begriffen, die Rufe nach Veränderungen kamen seit Ende der Fünfziger Jahre aus den verschiedensten Richtungen und auch die portugiesischen Katholiken standen nicht mehr bedingungslos an der Seite des Regimes. Schon 1958 hatte der Bischof von Porto Salazar in einem offenen Brief kritisiert, woraufhin er im April des nächsten Jahres ins Exil gehen musste. Im März 1959 hatte das Regime auf einen Protestbrief portugiesischer Christen mit der Verhaftung der Verfasser durch die gefürchtete Geheimpolizei PIDE reagiert. Zugleich musste es sich stetigen Attacken durch oppositionelle Kräfte um den General Delgado erwehren und führte ab 1961 in seinen afrikanischen Kolonien Krieg gegen bewaffnete Freiheitsbewegungen.
Im Dezember dieses Jahres 1961 hatte Portugal zudem seine Besitzungen Goa, Damão und Diu an einmarschierende indische Truppen verloren. Als Paul VI. im Dezember 1965 Indien besuchte, wurde das in Lissabon als ein Schlag ins Gesicht empfunden.

231 Im Jahr 2016 existierten 13 Kopien der Statue, die in der Welt unterwegs waren.

232 Vgl. Torgal: Sol, S. 189/190.

233 Vgl. dazu auch António Araújo: Uma visita incómoda, in Visão História N.° 39, S. 82-87.

Der Papstbesuch in Fátima erfolgte auf portugiesische Einladung und Salazar selbst führte die Delegation an, die Paul VI. am Flughafen empfing. Und auch an der Feier in Fátima nahm Salazar teil in dem Bemühen, Eintracht zwischen seinem Estado Novo und dem Oberhaupt der katholischen Kirche zu demonstrieren.

Johannes Paul II. und Fátima

1968 musste Salazar aus gesundheitlichen Gründen an der Spitze des Regimes ersetzt werden. Er starb 1970 und im April 1974 bereitete die sogenannte Nelkenrevolution der Diktatur ein gewaltloses Ende. Das Land wandelte sich in den folgenden, teils unruhigen Jahren zu einer stabilen Demokratie. Das Heiligtum und seine Geschichte waren da längst fester Bestandteil Portugals und des Glaubens der portugiesischen Katholiken und nicht mehr länger an innenpolitische Strömungen gebunden. In der Zeit Johannes Pauls II. erlebte es einen neuen Höhepunkt internationaler Aufmerksamkeit. Drei Mal besuchte der polnische Papst Fátima, jeweils am 13. Mai der Jahre 1982, 1991 und 2000.[234]

1982 dankte Johannes Paul II. in Fátima der Jungfrau Maria dafür, dass er den Anschlag im Jahr zuvor überlebt hatte.[235] Das Attentat auf dem Petersplatz in Rom, bei dem der Papst schwer verletzt worden war, hatte genau ein Jahr zuvor stattgefunden, am 13. Mai, dem Jahrestag der ersten Erscheinung von Fátima.[236] Noch im selben Jahr hatte sich der Papst Lúcias

---

234 Vgl. dazu auch José Barreto: A joia da coroa, in Visão História N.° 39, S. 89-91.

235 Johannes Paul II. sagte 1994: „Es war eine mütterliche Hand, die die Flugbahn der Kugel leitete und es dem Papst, der mit dem Tode rang, erlaubte, an der Schwelle des Todes stehenzubleiben." Zitiert nach Joseph Ratzinger: Kommentar zum Geheimnis von Fátima, in Kongregation für die Glaubenslehre: Botschaft von Fátima.

236 In der Nacht des 12. Mai 1982 konnten Sicherheitskräfte den Papst im letzten Moment vor einem weiteren Anschlag schützen. Ein spanischer konservativer Pfarrer wollte den Papst mit einem Bajonett angreifen und schrie dabei: „Tod dem Kommunismus und dem Zweiten Vatikanischen Konzil". Der Vatikan spielte den Vorfall herunter, der Papst selber äußerte sich nie öffentlich zu dem Vorkommnis. Vgl. Barreto: Um século.

Niederschrift des dritten Teils des Geheimnisses aus dem Jahr 1944 bringen lassen, nach der Lektüre aber entschieden, ihren Inhalt weiterhin unter Verschluss zu halten.

Zum zehnten Jahrestag des Attentats, am 13. Mai 1991 reiste Johannes Paul II. ein weiteres Mal nach Fátima. Die Berliner Mauer war gefallen, die Sowjetunion in Auflösung begriffen. Der von der katholischen Kirche gefürchtete und verachtete Kommunismus schien besiegt, was die Gläubigen auch mit den Erscheinungen von Fátima, dem zum Gegenpol zu Moskau stilisierten „Altar der Welt" und dem zweiten Teil des Geheimnisses verbanden, das die Weihe Russlands und den Weltfrieden angekündigt hatte.[237]

Ein drittes Mal besuchte Johannes Paul II. Fátima im Jahr 2000 anlässlich der Seligsprechung der jung verstorbenen Hirtenkinder Jacinta und Francisco.[238] Einige Wochen später, am 26. Juni, wurde unter Leitung Kardinal Joseph Ratzingers, dem späteren Papst Benedikt XVI., schließlich der dritte Teil des Geheimnisses von Fátima veröffentlicht. Darin heißt es:

> Nach den zwei Teilen, die ich schon dargestellt habe, haben wir links von Unserer Lieben Frau etwas oberhalb einen Engel gesehen, der ein Feuerschwert in der linken Hand hielt; es sprühte Funken, und Flammen gingen von ihm aus, als sollten sie die Welt anzünden; doch die Flammen verlöschten, als sie mit dem Glanz in Berührung kamen, den Unsere Liebe Frau von ihrer rechten Hand auf ihn ausströmte: den Engel, der mit der rechten Hand auf die Erde zeigte und mit lauter Stimme rief: Buße, Buße, Buße! Und wir sahen in einem ungeheuren Licht, das Gott ist, etwas, das aussieht wie Personen in einem Spiegel, wenn sie davor vorübergehen, einen in Weiß gekleideten Bischof; wir hatten die Ahnung, dass es der Heilige Vater war, verschiedene andere Bi-

237 Zum Gedenken an diese Verbindung Fátimas mit dem Fall des Eisernen Vorhangs steht seit 1994 ein Stück der Berliner Mauer im Heiligtum.

238 Am 13. Mai 2017 wurden die beiden Kinder schließlich heiliggesprochen.

> schöfe, Priester, Ordensmänner und Ordensfrauen einen steilen Berg hinaufsteigen, auf dessen Gipfel sich ein großes Kreuz befand aus rohen Stämmen wie aus Korkeiche mit Rinde. Bevor er dort ankam, ging der Heilige Vater durch eine große Stadt, die halb zerstört war, und halb zitternd mit wankendem Schritt, von Schmerz und Sorge gedrückt, betete er für die Seelen der Leichen, denen er auf seinem Weg begegnete. Am Berg angekommen, kniete er zu Füßen des großen Kreuzes nieder. Da wurde er von einer Gruppe von Soldaten getötet, die mit Feuerwaffen und Pfeilen auf ihn schossen. Genauso starben nach und nach die Bischöfe, Priester, Ordensleute und verschiedene weltliche Personen, Männer und Frauen unterschiedlicher Klassen und Positionen. Unter den beiden Armen des Kreuzes waren zwei Engel, ein jeder hatte eine Gießkanne aus Kristall in der Hand. Darin sammelten sie das Blut der Märtyrer auf und tränkten damit die Seelen, die sich Gott näherten.[239]

Viele Gläubige sahen darin die Ankündigung des Attentats auf Johannes Paul II. von 1981 und auch der Papst selbst hatte offensichtlich eine Verbindung zu erkennen geglaubt, als er kurz nach dem Anschlag das Schreiben Lúcias gelesen hatte. Johannes Paul II. pflegte stets eine besondere Verbindung zu Fátima. 1989 hatte er der Diözese eine der beim Attentat auf ihn abgefeuerten Kugeln geschenkt, die der Bischof in die Krone der Marienstatue einsetzen ließ.

---

239 Deutsche Übersetzung zitiert aus Kongregation für die Glaubenslehre: Botschaft von Fátima, Vatikan 2000. Hervorhebungen und Zeichensetzung wie im Original.

FÁTIMA: WUNDER UND WAHRHEIT

Das Jahr 1917 war in Portugal ein Jahr zugespitzter Unsicherheiten und sich ausbreitender Not. Die Erste Republik drohte im siebten Jahr ihres Bestehens in Chaos und Unbeständigkeit zu versinken. Nicht zuletzt der rigoros betriebene Bruch der Regierung mit der zuvor fraglos zu einflussreichen katholischen Kirche, der seinen Höhepunkt im Gesetz zur Trennung von Staat und Kirchen vom April 1911 fand, hatte sich als schwere Hypothek für die Akzeptanz des neuen politischen Systems in der Bevölkerung erwiesen. In seiner Härte mussten das Gesetz und seine Umsetzung von Kirche und Katholiken als bewusste Demütigung aufgefasst werden.

Während die Republik in den Städten über zahlreiche Anhänger verfügte, blieb sie einem großen Teil der Landbevölkerung ein Fremdkörper. Die Reform des Schulwesens fruchtete nur sehr bedingt und die Analphabetenquote konnte kaum gesenkt werden, wodurch breite Teile der Bevölkerung vom politischen Prozess ausgeschlossen blieben, das Wahlrecht wurde ihnen verwehrt. Im ländlichen Portugal blieben vielfach die Kirchen und lokalen Pfarrer die dem Volk Orientierung bietenden Instanzen.

Die 1910er Jahre waren geprägt von wirtschaftlichen Problemen, politischen Verwerfungen und sozialen Unruhen. Der 1914 ausgebrochene Weltkrieg verschärfte die Lage. Obwohl zunächst neutral, litt das Land bald unter seinen Folgen. So musste Lissabon gleich nach Kriegsausbruch Truppen zur Sicherung seiner afrikanischen Kolonien entsenden. Bis Januar 1917 wurden über 21.000 Mann nach Angola und Mosambik verlegt, von denen viele ihr Leben verloren oder versehrt nach Hause zurückkehrten. 1916 begann die Regierung dann, die Kriegsteilnahme des schlecht ausgebildeten und mangelhaft ausgerüsteten portugiesischen Militärs an der europäischen Front in Flandern vorzubereiten, im Januar 1917 wurde mit der Verschiffung des gut 40.000 Mann starken ersten Expeditionskorps begonnen, während die Errichtung eines zweiten und dritten Korps bereits in Planung war. Junge Männer, von denen viele niemals zuvor auch nur ihren Landkreis verlassen hatten, wurden nun ihren Familien entrissen und in ein Land geschickt, das sie nicht kannten, in einen Krieg, den sie nicht verstanden, an eine Front, an der sie ungeahnte Belastungen und Grausamkeiten ertragen mussten. Zurück blieben zerrissene Familien, besorgte Eltern, Geschwister, Frauen und Kinder, die nicht nur um das Leben der Männer bangten, sondern auch deren Ausfall als Arbeitskraft für die Versorgung der Familie zu spüren bekamen. Schon 1915 war es zu Hungersnöten gekommen, die Leid und Ausschreitungen provoziert hatten, in den Jahren 1916 und 1917 wurde es immer schlimmer.

Zu Lebensmittelknappheit und daraus resultierenden Unruhen kam es eher in den Städten als auf dem Land. Insofern war die Situation in der Region um Fátima mit ihren zahlreichen Bauern und Selbstversorgern nicht so schlimm wie etwa in Lissabon. Aber die Berichte von Aufständen und Überfällen drangen auch bis dorthin und beunruhigten die Bevölkerung, das große Leid schien täglich näherzukommen. Für die meisten Bewohner der Gegend war das Leben schon ohne Krieg hart und entbehrungsreich gewesen. Kaum jemand konnte lesen oder schreiben oder war jemals zur Schule gegangen. Die meisten Einwohner begannen im Kindesalter zu arbeiten, zumeist in der Land- und Viehwirtschaft in einer Region, deren Böden oftmals kaum dazu geeignet waren. Harte und regnerische Winter, heiße Sommer und eher spärliche Erträge führten den Menschen ihre Abhängigkeit von der Natur vor Augen, demütig suchten viele Schutz und Beistand bei Gott. Auch die Lage in den Kriegsgebieten war durch Presse, Erzählungen und Gerüchte stets präsent, und wie überall im Land, wurden auch in der Region Fátima junge Männer in die Armee eingezogen.[240]

240 Dem Expeditionskorps nach Flandern gehörten 32 Männer aus der Region an. Vgl. Lobo: Momento zero, S. 25.

In dieser Situation berichteten die drei Hirtenkinder Lúcia, Francisco und Jacinta im Alter von sieben bis zehn Jahren im Mai 1917, ihnen sei beim Hüten der Schafe eine Frau erschienen. Gleiches wiederholte sich in den folgenden fünf Monaten. Anfangs fanden die Kinder und ihre Erzählungen nur eine sehr begrenzte, zurückhaltende Aufmerksamkeit, wenngleich der örtliche Pfarrer sogleich Lúcia, die älteste der Kinder, befragte. Doch schon im Juli fand sich am angekündigten Tag der Erscheinung eine große Menschenmenge ein und immer mehr zumeist gläubige Menschen begannen sich für die Ereignisse zu interessieren. Im Oktober, im Anschluss an die letzte der insgesamt sechs Erscheinungen, wurden viele tausend Leute laut den Aussagen zahlreicher Anwesender Zeugen eines Lichtphänomens, einige auch des Erscheinens der göttlichen Familie am Himmel. Dieses Ereignis bildete den Grundstein für die bis in die heutige Zeit anhaltende Bekanntheit Fátimas.

Im Juli 1917 berichteten erstmals verschiedenen Zeitungen von den Vorkommnissen. Die antikirchlich ausgerichtete republikanische Presse witterten eine von finanziellen Interessen motivierte betrügerische Inszenierung und bedachten das Thema mit wütenden Anschuldigungen, herablassendem Spott und ohne irgendeinen Versuch einer sachlichen Annäherung an die Ereignisse. In den katholischen Blättern wurde das Thema anfangs noch zurückhaltend und höchstens vorsichtig hoffnungsvoll behandelt. Doch bald schon wurde die katholische Presse zum begeisterten Begleiter und Beförderer des immer größere Ausmaße annehmenden Aufsehens um Fátima. Zweifel und Widerspruch wurden selten geäußert und die wenigen kritischen Beiträge und ihre Autoren zum Ziel teils heftiger Proteste, die vereinzelte Zustimmung aus demselben Lager übertönten.

Beide Seiten, die atheistisch-republikanische und die konservativ-katholische, klammerten sich an ihren Standpunkten fest, wobei besonders die republikanischen Journalisten und Autoren die Gegenseite zu diffamieren suchten. Ein konstruktiver Austausch von Argumenten fand nicht statt, zu stark waren die Parteilichkeit der Blätter und die Emotionalität der Debatte. Die Presse fungierte als Werkzeug und Sprachrohr der sich unversöhnlich gegenüberstehenden Lager, in der Berichterstattung spiegelten sich die politischen und ideologischen Konflikte der Ersten Republik wider. Besonders die republikanische, nicht katholische Presse versäumte es, sich sachlich mit den Ereignissen, deren Protagonisten, Schauplätzen und Widersprüchen auseinanderzusetzen. Nicht nur aus heutiger Sicht wäre eine unabhängige und unparteiische Berichterstattung wünschenswert gewesen, sie hätte den Fátima-Gegnern der Zeit gar dabei helfen können, ihr eigentliches Ziel zu erreichen, nämlich dem aufkommenden und rasch wachsenden Kult die Grundlage zu entziehen. Doch Ironie, Spott und nicht selten überhebliche Arroganz ließen die Fronten verhärten und bekräftigten die Fátima-Anhänger in ihrer Entschiedenheit, sich nicht von ihrem Glauben abbringen zu lassen. Somit verstärkte die republikanische Presse das Aufsehen um Fátima und beförderte die Bekanntheit der Ereignisse ebenso stark oder gar noch stärker als die katholischen Blätter. Gleiches gilt für beinahe alle politischen Maßnahmen gegen Fátima, besonders für die Entführung der drei Kinder im August 1917.

◆

Viele Theorien und Anschuldigungen rund um die Ereignisse von Fátima haben sich bis heute gehalten, konnten jedoch nie mit Beweisen oder stichhaltigen Argumenten untermauert werden.

Fehlende Bildung, gar Dummheit der Bevölkerung der im nationalen Vergleich rückständigen Region dieses im internationalen Vergleich rückständigen Landes sollten und sollen gelegentlich immer noch als Erklärung für alles herhalten. Und es ist wahr, dass es um die Schulbildung weiter Teile des Volkes, ganz besonders auf dem Land, nicht gut bestellt war. Aber das Argument greift offen erkennbar viel zu kurz und trägt zudem die gleiche Arroganz in sich, die die missglückte Berichterstattung der republikanischen Presse der Zeit charakterisiert. Leichtgläubigkeit mag ihren Teil beigetragen haben, es war aber keineswegs so, dass ausschließlich die schlecht gebildete untere Volksschicht auf die angeblichen Ereignisse von Fátima angesprungen wäre. Vielmehr waren es gebildete Portugiesen – Journalisten, Ärzte, Anwälte und hochrangige Geistliche –, die das Phänomen aufgegriffen und verbreitet haben. Der größte Teil der Fátima-Anhänger bestand deshalb aus Analphabeten, weil der größte Teil der Bevölkerung aus Analphabeten bestand. Aber es waren eben auch gebildete und gut situierte Mitglieder der Mittel- und Oberschicht darunter. Zu einer verzerrten Wahrnehmung trug bei, dass die öffentlich auftretenden Fátima-Gegner zumeist von guter Bildung waren: Wer aus der unteren Bevölkerungsklasse mit dem Fátima-Kult nichts anfangen konnte oder ihn ablehnte, hat sich in der Regel auch nicht gegen ihn gestellt, sondern ihn schlicht ignoriert.

Der Ort der Erscheinung wurde teils mit bitterem Unterton ins Visier genommen. Dass die Jungfrau Maria im ländlichen Nirgendwo Europas erscheint, während im Herzen des Kontinents ein Krieg von unvorstellbarem Ausmaß tobte, der den Menschen dort Leben, Verstand und Würde raubte, war für viele geradezu absurd. Jedoch handelt es sich bei diesem Einwand eher um eine Klage als um eine irgendetwas belegende Tatsache. Es ist naheliegend, sich übernatürlichen Beistand dort zu wünschen, wo der Einzelne mit den ihm von der Natur gegebenen Mitteln sich seines Leids nicht erwehren kann. Aber um in diese Auseinandersetzung einzusteigen, muss man grundsätzlich an die Erscheinungen als himmlisches Ereignis glauben oder den kalten Fakt ertragen, dass der Ort so schlecht offensichtlich nicht gewählt war, wenn heutzutage jährlich viele Millionen Menschen dorthin pilgern und die „Botschaft“ von Fátima in der ganzen Welt Verbreitung fand und findet.

Einige Passagen des Gesprächs mit der Erscheinung, wie Lúcia es in den Befragungen wiedergegeben hatte, muten teils grotesk und inhaltsleer an: – „Möchten Sie sonst nichts von mir?“ – „Nein, ich möchte gerade nichts weiter von Dir“ – „Gut, ich möchte gerade auch nichts weiter“. Auch bediente sich die Frau einer auffällig simplen Sprache und verwendete lokale

Ausdrücke. So sagte sie, Francisco müsse noch „seine Perlen beten" und meinte wohl den Rosenkranz, sprach von „Dorf" statt von Vila Nova de Ourém. Viele Kritiker wollten und wollen darin einen Hinweis sehen, dass das Gespräch eine Erfindung Lúcias gewesen sei. Und es lassen sich tatsächlich sowohl Lúcias eigener Sprachstil als auch regionale sprachliche Eigenheiten in den Schilderungen der Gespräche entdecken. Es ist jedoch nutzlos, den Sprachstil der Erscheinung zu diskutieren, besonders da eine himmlische Erscheinung fähig sein sollte, ja sogar sein muss, sich dem Sprachstil der Empfänger ihrer Botschaft anzupassen. Ebenso zwecklos wäre es, sich darüber zu wundern, dass die Erscheinung überhaupt portugiesisch sprach.

Alle diese Aspekte – Bildungsniveau der Bevölkerung, Erscheinungsort, Sprachstil – sind durchaus beachtenswert, weil sie zu den Charakteristika des Fátima-Kults und seiner Entstehung gehören. Es muss aber ergebnislos bleiben, sich an ihnen als vermeintliche Schwachstellen in der Überlieferung der angeblichen Ereignisse abzuarbeiten. Erst recht dienen sie in keiner Weise als Beweis für eine geplante Erfindung oder gar Inszenierung der Erscheinungen. Unter Berücksichtigung der örtlichen Gegebenheiten, der technischen Möglichkeiten der Zeit und des Verlaufs der Ereignisse ist es sehr unwahrscheinlich, dass es sich um eine Inszenierung handelte. Drei Kinder als Protagonisten, sechs Erscheinungen, eine davon sogar kurzfristig und außer der Reihe, und viele tausend Zuschauer, darunter zumindest einige neugierige Zweifler, wären ein zu großer und beinahe unmöglich zu kontrollierender Rahmen gewesen. Dass im Vorfeld der Erscheinungen aus finanziellen, (religions-)politischen oder anderen Motiven die Ereignisse irgendwie beeinflusst wurden, ist wohl auszuschließen.

Wahrscheinlicher ist es, dass die drei Hirtenkinder, stark geprägt von religiös-autoritärer Erziehung, ländlich-traditionellem Volksglauben und stets präsenten Geschichten von Marienerscheinungen und himmlischen Botschaften in frommer und kindlich-verspielter Vorstellung zumindest im Mai und Juni tatsächlich eine Frau „sahen". Ihre Erzählungen, zunächst im familiären und dörflichen Umfeld, waren also keinesfalls eine Lüge, die Erscheinung keine bewusste oder gar geplante Erfindung.

Lúcia, ohne Zweifel die Wortführerin, stand laut den Kindern im direktesten Kontakt zur Erscheinung, sah und hörte sie und sprach mit ihr. Jacinta sah und hörte die Frau, sprach aber nicht mit ihr. Sie war die Jüngste der drei und blickte stets zu ihrer Cousine auf, übernahm größtenteils deren Version der Ereignisse oder verwies die Fragesteller an sie, weil diese es besser wisse. Und Francisco hörte die Erscheinung gar nicht, sondern sah sie nur, womit er als Zeuge für die Botschaft der Frau ausfiel. Im ebenso spielerischen wie von religiösem Ernst geprägten Austausch während oder nach den ersten „Erscheinungen" kreierten die drei Kinder unter Anleitung Lúcias das Aussehen der Frau, wobei ihnen zur bewussten oder unbewussten Orientierung die im religiös-ländlichen Portugal allseits präsenten Marienbildnisse ebenso gedient haben mögen wie die religiöse Instruktion in Kirche und Elternhaus.

Ab der zweiten Junihälfte 1917 nahmen die Ereignisse dann eine eigene Dynamik an, es waren nun nicht mehr die Kinder und ihre Vorstellung die treibende Kraft, sondern äußere Einflüsse. Getrieben von der großen Aufmerksamkeit um ihre Person, die entstehende religiöse Euphorie in ihrem Umfeld (wenn auch nicht unbedingt im Elternhaus), aber auch Verdächtigungen und Anschuldigungen, nichts als Lügner und Hochstapler zu sein, und die Androhung von Konsequenzen, sollte sich entgegen ihren Erzählungen nichts „Himmlisches" ereignen, ließen die Kinder auch in den Folgemonaten die Erscheinung „sehen".

Das „Sonnenwunder" vom 13. Oktober 1917 hatte schon nichts mehr mit den Kindern zu tun. Bei den Erscheinungen und dem „Sonnenwunder" handelte es sich um zwei gänzlich voneinander getrennte Ereignisse: Zum einen drei Hirtenkinder, die behaupteten, ihnen sei eine Frau erschienen und zum anderen das angebliche „Sonnenwunder", bezeugt von zahlreichen Menschen, aber zunächst eben nicht von den drei Kindern, die es laut ihren ersten Aussagen gar nicht gesehen hatten.

Was tatsächlich an diesem Tag in der Cova da Iria passierte, lässt sich nicht klären. In den zahlreichen Augenzeugenberichten finden sich am häufigsten drei Phänomene: Dass die matt-scheinende Sonne sich um die eigene Achse gedreht habe, dass sie sich rasant der Erde genähert habe und dass in ihr und um sie herum bunte Farben zu sehen gewesen seien. In vielen der Berichte lassen sich eindeutige Übertreibungen und Überhöhungen feststellen, offensichtlich in religiöser Ekstase eingebildet oder im Nachhinein hinzugefügt. Es gab aber auch Zeugen, die aussagten, gar nichts gesehen zu haben, wenngleich derartige Aussagen wenig Beachtung fanden und möglicherweise auch seltener waren. Es lässt sich vermuten, dass sich bevorzugt diejenigen zu Wort gemeldet haben, die etwas zu berichten zu haben glaubten oder behaupteten.

Während die nicht katholische, Fátima-kritische Presse es auch rund um den 13. Oktober versäumte, ernsthafte journalistische Nachforschungen anzustellen, wurden derartige Zeugen besonders in den den ländlich-religiösen Bereich gut abdeckenden katholischen Zeitungen gerne zitiert, dienten sie doch zugleich den Interessen der Herausgeber. Aber auch in Gesprächen und Erzählungen unter der Bevölkerung setzte sich – und zwar schon lange vor dem Oktober 1917 – das sensationelle und nicht selten auch hoffnungsfrohe Gerede über eine himmlische Erscheinung gegen die unspektakuläre Meinung durch, es sei und werde nichts Übernatürliches geschehen.

Aber es gab auch Zeugen außerhalb jeder Kategorisierung, so etwa Gläubige, die nicht an ein himmlisches Ereignis glaubten, obwohl sie die Lichtphänomene am Himmel gesehen zu haben angaben, oder eher ungläubige Personen, die aus Neugier zur Cova da Iria gegangen und geradezu religiös inspiriert zurückgekehrt waren.

Der bekannteste Zeugenbericht und zugleich Presseartikel zu den Ereignissen des 13. Oktober 1917 und besonders zum „Sonnenwunder“ stammt aus der Feder von Avelino de Almeida. Als ehemaliger Seminarist und dann Reporter der großen republikanischen Tageszeitung »O Século« verfasste er gleich am 13. Oktober im Anschluss an die Ereignisse seinen berühmten Artikel, der am 15. Oktober in der Zeitung veröffentlicht wurde. Bis heute wird dieser Artikel immer wieder als sicherer Hinweis, wenn nicht gar Beweis, für die Echtheit des „Sonnenwunders" angeführt. Doch bei genauer Betrachtung gibt der Beitrag nicht so viel her, wie häufig in ihm zu erkennen versucht wird. Almeida selbst bezeugte nur das Aussehen der Sonne, das ihn an eine Sonnenfinsternis erinnert habe, darüber hinaus beschrieb er lediglich die Reaktion der großen Menschenmenge auf das, was diese am Himmel zu sehen glaubte. Auch befand sich der Journalist offensichtlich gar nicht in dieser Menschenmenge, sondern beobachtete die versammelte Masse aus einiger Entfernung von der Straße aus. Am Ende seines Artikels berief er sich auf Aussagen von aus Neugier anwesenden, religiösem Enthusiasmus unverdächtiger „Freidenker" – die ihm wiederum auch lediglich bestätigten, dass die Gläubigen beeindruckt gewesen seien.

Erst Ende Oktober schrieb Almeida in einem weiteren Artikel, wie die matt-silberne Sonne auffällig getanzt und wechselnde leuchtende Farben angenommen habe, womit er, wenn auch nur in auffallend knappen Zeilen, sich in die Schar der Augenzeugen einreihte. Ob er das „Sonnenwunder" am 13. Oktober also gesehen, dies aber zunächst, weil er es nicht glauben konnte, nicht geschrieben hatte oder ob er nichts gesehen hatte und sich erst von der sich landesweit ausbreitenden Begeisterung dazu verführen ließ, sich zum Augenzeugen zu erklären, lässt sich nicht feststellen. Letzteres jedoch würde nicht zu dem guten Ruf passen, den der Journalist offenbar genoss.

Es gibt vieles, was auf ein wie auch immer geartetes Lichtphänomen an diesem 13. Oktober 1917 hinweist. Es ist dennoch nicht zu klären, ob ein solches Phänomen tatsächlich stattgefunden hat und, falls ja, von welchem

Ausmaß es war.[241] Die Aufnahmen des Fotografen Bento Ruah, der den Journalisten Almeida an diesem Tag in die Cova da Iria begleitet hatte, geben keinerlei Hinweis auf ein solches Phänomen. Klar ist unterdessen auch, dass derartige Ereignisse auch fernab von Fátima von verschiedenen, meist sehr gläubigen Personen zu verschiedenen Zeiten an verschiedenen Orten gesehen wurden. Papst Pius XII. sah 1950 in den Gärten des Vatikans gleich vier solcher „Sonnenwunder".[242] Von einem einzigartigen Ereignis kann also nicht die Rede sein.[243]

◆

Für die am 13. Oktober 1917 in der Cova da Iria Anwesenden war das Erlebnis aber ohne Zweifel etwas besonderes. Nur die allerwenigsten von ihnen waren zuvor schon einmal Teil einer so großen Menschenmenge aus vielen zehntausend Leuten gewesen, wie sie sich dort inmitten der Natur versammelt hatte. Sie waren erfüllt von Neugier oder religiösen Erwartungen, ihr Leben war zumeist hart und von Sorgen bestimmt, besonders in jenen Jahren des Kriegs und der Krisen. Die lange Anreise bei schlechtem Wetter hatte viele ermüdet, wenngleich man sich gut vorstellen kann, dass die Mehrzahl von ihnen diese Erschöpfung in der einzigartigen und von Spannung geprägten Situation nicht wahrnahm. In diesen Stunden

---

241 Für derartige Phänomene gibt es wissenschaftliche Erklärungen oder zumindest Erklärungsansätze, wenngleich, zumindest was die naturwissenschaftlichen Aspekte angeht, die Häufung dieser Erscheinungen ausgerechnet am Tag des angekündigten Wunders in Fátima schon ein mehr als bemerkenswerter Zufall gewesen wären. Vgl. dazu etwa Marta Leite Ferreira: Pode a ciência explicar o „milagre do Sol"?, in observador.pt, 13. Mai 2017.

242 Davon hatte zunächst der Kardinal Tedeschini berichtet. Handschriftliche Aufzeichnungen Pius' XII., die 2008 im Vatikan im Rahmen einer Ausstellung präsentiert wurden, bestätigten dies. Vgl. Barreto: Século, Anm. 63.

243 Zuletzt berichteten am 4. Mai 2016 einige Bewohner von Ourém nahe Fátima von einem „Sonnenwunder", das sich ereignet habe, als eine Statue der Jungfrau von Fátima morgens aus der dortigen Kirche getragen wurde. Auf Nachfrage der Boulevard-Zeitung Correio de Manhã wollte sich die Verwaltung des Heiligtums von Fátima nicht zu dem Vorfall äußern, während der Pfarrer von Ourém darauf verwies, dass die Morgenstunden in Ourém eben so seien.

waren alle Anwesenden gleich, unabhängig von Herkunft oder sozialem Stand. Alle waren aus dem gleichen Grund, ja mit den gleichen Erwartungen in die Cova da Iria gekommen. Man redete und sang in Harmonie miteinander, in dieser so großen Menschenmenge entstand ein Gefühl von Geborgenheit und Zusammengehörigkeit; das alles muss für viele einem Traum geglichen haben. Avelino de Almeida schrieb davon, ja sogar von ekstatischen Zuständen noch bevor Lúcia erklärte, dass die Jungfrau wieder zu ihr gesprochen habe: „Da sind Leute, viele Leute wie in Ekstase; ergriffene Leute, auf deren Lippen das Gebet erstarrte; erstaunte Leute mit gefalteten Händen und kullernden Augen; Leute, die das Übernatürliche zu fühlen, zu berühren scheinen...“; „Ich sah Scharen von Männern und Frauen, die sich geduldig, wie von einem Traum verzaubert, am Vorabend zu dem berühmten Ort begaben, wobei sie heilige Gesänge anstimmten und barfuß zu deren Rhythmus und dem gleichmäßigen Aufsagen des Rosenkranzes wanderten (...), diese laute, aber friedliche Menschenmenge, beseelt von der gleichen obsessiven Idee und getrieben vom gleichen machtvollen Begehren“. Dann war die Jungfrau laut Lúcia abermals erschienen, der so lange angekündigte Beweis für die Echtheit der Erscheinung, das angesagte Wunder, musste also nun geschehen: „Die wunderbare Erscheinung, das angekündigte sichtbare Zeichen ist im Begriff zu geschehen – versichern viele Pilger...“ Die Spannung muss in selten erlebter Intensität gestiegen sein. Und plötzlich kommt Begeisterung, ja Jubel auf und breitet sich wellenartig über die Menschenmasse aus, die in eine Art kollektive Ekstase verfällt. Ein Hochgefühl hat wohl beinahe jeden ergreifen müssen, auch die, die nichts sahen oder gesehen hatten. Aber wer wollte jetzt noch sagen, zugeben müssen, gar nichts gesehen zu haben, wo doch so offensichtlich etwas geschehen sein musste? Die ganze Anstrengung der letzten Stunden und Tage konnte ja gar nicht umsonst gewesen sei, und jetzt, wo alle begeistert erzählten, was sie gesehen hatten, hatte man da nicht selber auch etwas gesehen? Oder sollte man sich etwa für alle Zeit dem Spott der Fátima-Gegner und Zweifler aussetzen, dass man auf eine erfundene Geschichte hereingefallen sei oder, noch schlimmer, dass alle etwas Einzigartiges gesehen hatten, nur man selber es schlicht verpasst habe?

Und was passiert überhaupt, wenn man, von höchsten Erwartungen getrieben, lange und angespannt in die Sonne blickt, selbst wenn sie noch so matt erscheint?[244]

◆

Jedenfalls hatte Fátima damit sein himmlisches Wunder, das nach Lesart der Gläubigen zugleich die Echtheit der Marienerscheinungen bestätigte. Denn dass es sich bei den Erscheinungen nicht um irgendeine Frau, sondern die Mutter Gottes handelte, stand für die Gläubigen und Geistlichen schon lange fest, auch wenn die Kinder in den Befragungen lange Zeit lediglich von einer Frau berichtet hatten.

Zwar heißt es schon in den Aufzeichnungen zur ersten Befragung Lúcias durch den Pfarrer Manuel Marques Ferreira von Ende Mai 1917 „Befragung der Kinder, die sagen, Nossa Senhora gesehen zu haben". Doch bei dem überlieferten Dokument handelt es sich nicht um das Originalprotokoll, sondern um die (Teil-)Abschrift mitsamt Notizen des Pfarrers Lacerda, die dieser später im Jahr nach Durchsicht der Aufzeichnungen des Pfarrers von Fátima angefertigt hatte. Dies könnte die Verwendung der Bezeichnung „Nossa Senhora" erklären, war Lacerda doch überzeugt davon, es habe sich tatsächlich um die Jungfrau gehandelt.

Pfarrer Manuel Marques Ferreira selbst schrieb in seinem am 6. August 1918 an den Erzbischof von Mitilene übergebenen Bericht über die Ereignisse, bei der ersten Befragung Lúcias habe ihre Mutter, die sie begleitet hatte, dem Pfarrer gegenüber geäußert, ihre Tochter sage, ihr sei die Jungfrau Maria erschienen:

244 Und steigt nicht Dampf zum Himmel auf, wenn plötzlich aufkommender Sonnenschein mehrere tausend nasse Menschen trocknet?

> Sie weist ihre Tochter an, zurückzunehmen, was sie gesagt habe, da eine solche Lüge ein großes Übel sei. Sie droht und sagt, der Tochter schon mit vielen Dingen gedroht zu haben, die ihr passieren werden, wenn sie weiterhin sage, Unsere Liebe Frau gesehen zu haben.

Zwar stammt dieser Bericht aus dem Jahr nach den Erscheinungen, entspricht aber vermutlich den Originalaufzeichnungen des Pfarrers von Fátima. In diesem Fall hätte Lacerda aus dieser Äußerung von Lúcias Mutter gewusst, dass die Kinder behaupteten, die Jungfrau Maria sei ihnen erschienen. Die erste gesicherte Nennung stammt ebenfalls aus einem Schriftstück des Pfarrers Manuel Marques Ferreira. In dem Ende August 1917 veröffentlichten Brief, in dem er sich gegen die Anschuldigung verteidigte, an der Entführung der Kinder durch den republikanischen Verwalter Oliveira Santos beteiligt gewesen zu sein, schrieb er von „Kindern, die sagen, Nossa Senhora gesehen zu haben". In den Zeitungen war indessen schon nach der Juli-Erscheinung von der Mutter Gottes die Rede gewesen, sowohl im republikanischen »O Século« als auch im katholischen »O Ouriense«.
Wie gesehen sprachen die Kinder den Aufzeichnungen zufolge in den Befragungen jedoch lange nur von einer „Frau" (Senhora). Noch im August sagte Lúcia demzufolge, sie habe die Erscheinung gefragt, wer diese sei, sei aber als Antwort auf den letzten Tag (der Erscheinungen) vertröstet worden. Noch am 8. September schrieb Carlos de Azevedo in dem Brief an seine Verlobte: „Die Kleinen sagen immer, wer ihnen erscheint, ist die Frau. Sie wissen nicht, wer es ist." In den Befragungsprotokollen ist zum ersten Mal in der von Formigão über den 27. September angefertigten Niederschrift zu lesen, dass Francisco gesagt habe: „Ich sah Nossa Senhora". Schon zu Beginn seines Berichtes schrieb Formigão: „Ich beschloss, zum Haus der Kinder zu gehen, die sagen, von den Erscheinungen der Heiligen Jungfrau geehrt zu sein."

Es kann wohl als sicher gelten, dass unter den Bewohnern der Gegend schon früher, mutmaßlich gleich im Mai zumindest gelegentlich in Erwägung gezogen worden ist, es könne sich bei der Erscheinung um die Jungfrau Maria handeln. Als die Ereignisse am 23. Juli erstmals in der Presse Erwähnung fanden, hieß es in »O Século« zu Beginn des Artikels: „Seit Langem geht an diesem Ort hartnäckig das Gerücht um, an einem bestimmten Punkt der Serra de Aire erschiene am 13. dieses Monats die Mutter Jesu Christi." Dieses Gerücht war sicher ein Grund für die vielen hundert, möglicherweise sogar über tausend Leute, die am 13. Juli zur Cova da Iria kamen, nachdem sich ja schon im Juni, am Tag der zweiten Erscheinung um die fünfzig Leute dort bereits eingefunden hatten. Ebenso ist zu bedenken, dass sich die Kinder in den Befragungen durch die kirchlichen Würdenträger aus Furcht und Respekt wohl zurückhaltender äußersten als in ihrem familiären und dörflichen Umfeld.

◆

Im September 1917 war der Geistliche Manuel Nunes Formigão, ein frommer Anhänger des Lourdes-Kults, erstmals in Fátima gewesen. In der Folgezeit besuchte und befragte er die Kinder mehrmals und erkannte, neben einigen Schwachstellen und Ungereimtheiten in ihren Aussagen, die Möglichkeit, dort in Fátima ebenfalls ein großes Heiligtum, ein „portugiesisches Lourdes" zu errichten, woran er fortan mit unermüdlichem Einsatz arbeitete. Formigão empfand dies als seine Pflicht und göttlichen Wunsch. Sein Wirken lässt sich in zwei Felder unterteilen, er war Propagandist und Drahtzieher zugleich.

Unter dem Pseudonym Visconde de Montelo beförderte Formigão den Fátima-Kult und seine Bekanntheit in hohem Maße durch regelmäßig erscheinende enthusiastische Artikeln und insgesamt sieben Büchern[245].

---

245 Die Titel der Bücher und ihr Erscheinungsjahr: Os Episódios Maravilhosos de Fátima, 1921 (siehe DCFS, Anhang); Os Acontecimentos de Fátima, 1923 (siehe DCFS, Doc. 73); As Grandes Maravilhas de Fátima, 1927; Fátima, o Paraíso na Terra, 1930; A Pérola de Portugal, 1931; O que é Fátima, 1936; Fé e Pátria, 1937.

Er schrieb über die Erscheinungen und die Feiern zu ihren Jahrestagen, über Pilger und Wunderheilungen. Darüber hinaus wirkte Formigão als Strippenzieher hinter den Kulissen. So sehr sich die Kirche und ihre hochrangigen Vertreter offiziell und öffentlich lange zurückhielten und obwohl die Erscheinungen erst 1930 für wahrhaftig erklärt wurden und damit die Verehrung der Jungfrau von Fátima erlaubt wurde, war im Hintergrund bereits seit 1920 an den Vorbereitungen zur Errichtung eines großen Heiligtums gearbeitet worden. Führende Figur hierbei war Formigão inmitten eines recht kleinen Kreises enger Mitstreiter mit Genehmigung und unter Mitwirkung des Bischofs der mittlerweile wiedererrichteten Diözese von Leiria. Unter anderem beim Kauf der Grundstücke und der Gestaltung der Marienstatue war Formigão aufs Stärkste involviert, während er parallel dazu mit seinen Artikeln und Büchern die Deutung der Ereignisse und die Berichterstattung rund um Fátima dominierte. Auch war er alleiniger Verfasser des Berichts der Kanonischen Kommission, die nichts als Facette war. Während diese Kommission untersuchen sollte, ob die Berichte von den Erscheinungen des Jahres 1917 glaubhaft seien und die Verehrung der Jungfrau von Fátima rechtfertigen können, waren ihre Mitglieder – allesamt Geistliche – bereits dabei, die zur Errichtung eines Heiligtums nötigen Grundstücke zu erwerben. In den acht Jahren ihres Bestehens trat die Kommission lediglich zwei Mal zusammen, gleich zu Beginn anlässlich ihrer Gründung und dann im April 1930, um den von Formigão großteils aus alten Beiträgen zusammengestellten Abschlussbericht abzunicken. Die Kanonische Kommission trug somit nachweislich nichts zur Untersuchung der Ereignisse bei.

Auch außerhalb der Kommission wurden sämtliche offiziellen Befragungen stets ausschließlich von Geistlichen geführt, die zudem schon bald vom übernatürlichen Charakter der angeblichen Erscheinungen und den sich daraus ergebenden Möglichkeiten geradezu beseelt waren und, wie besonders Formigão, es als himmlische Mission ansahen, ein „portugiesisches Lourdes“ zu errichten. Gleiches gilt für den Umgang mit den zahlreichen Fälle angeblicher Wunderheilungen. Formigão schrieb im Laufe von Jahrzehnten über eine ganze Reihe solcher Heilungen, als seien sie über jeden Zweifel erhaben. Ein – der Kirche unterstehender – Dienst zur Untersuchung solcher Phänomene, wurde erst recht spät, 1926, eingerichtet und war angesichts der Vielzahl der Fälle bei schlechter Ausstattung und Personallage überfordert. Auch waren viele der angeblich auf wundersame Weise geheilten Krankheiten nie als Erkrankung ärztlich diagnostiziert worden. Und über die Echtheit der Heilungen entschied in letzter Instanz alleine die Kirche. Unabhängige Untersuchungen wurden von der Kirche nicht zugelassen, aber auch von weltlichen Stellen, die dafür ja gar keine kirchliche Zustimmung gebraucht hätten, nicht vorgenommen. Zudem wurden Formigãos Niederschriften über die Befragungen der Kinder und seine übrigen Texte nicht hinterfragt.

Die Form der Verehrung der Jungfrau von Fátima vor Ort wurde ebenfalls schon lange vor der offiziellen Genehmigung des Kultes in feste Formen zu gießen versucht. Schon die Pilgerfahrten nach Fátima sollten von den Gemeinden organisiert und von einem Geistlichen begleitet werden. Das Abbrennen von Feuerwerk vor Ort wurde verboten, ebenso der Verkauf von Alkohol und der Verzehr von Speisen und Getränken innerhalb des (künftigen) Heiligtums. Entsprechende Anweisungen und Aufforderungen wurden herausgegeben, etwa in »Voz da Fátima«, dem propagandistischen Sprachrohr Formigãos und seiner Mitstreiter oder in erzbischöflich genehmigten Handbüchern. Während der Zwanziger Jahre wurden so zentrale Regeln und Rituale eingeführt. Besonders für die nächtliche Kerzenprozession und das Lied „Avé Maria da Fátima" ist das Heiligtum weit über die Landesgrenze hinaus bekannt.[246]

Somit wurde dem Ort und den Pilgerfahrten ein feierlicher Ernst verliehen, der Fátima von den zahlreichen anderen Heiligtümern und Marien-

246 Eine frühe Version des Lieds ist bereits im 1926 erstmals erschienen Handbuch Manual do Peregrino da Fátima abgedruckt. Dort allerdings noch zur Musik des Ave von Lourdes und mit in vielen Teilen anders lautendem Text.

kapellen in Portugal abhob, die regelmäßig zum Ziel volksfestartiger fröhlich-bunter Wallfahrten wurden. Dies machte das Erlebnis einer Pilgerfahrt nach Fátima anlässlich der Jahrestage der Erscheinungen zu etwas Einzigartigem, Erhabenen, was die Bekanntheit des Heiligtums steigerte.

◆

Francisco und Jacinta starben 1919 bzw. 1920 an der sogenannten „Spanischen Grippe", die auch in Portugal viele Todesopfer unter der teils geschwächten und oft in schlechten hygienischen Zuständen lebenden Bevölkerung verursachte. Nach dem Großen Krieg wütete nun diese Pandemie, der weite Teile der Bevölkerung machtlos gegenüberstanden. Wieder blieb vielen nur die Hoffnung auf himmlischen Beistand.

Während Francisco weitgehend unbeachtet von der Öffentlichkeit starb, wurden Jacintas langes Leiden und ihr Tod im Lissabonner Krankenhaus von Formigão mystifiziert. So sehr er sich dafür stark gemacht hatte, dass das Mädchen nach Lissabon ins Krankenhaus komme[247], so sehr nutzte er ihr Ableben, um der Geschichte der Erscheinungen von Fátima ein weiteres Kapitel hinzuzufügen. Er schrieb, wieder als Visconde de Montelo, Jacinta sei an ihrem Krankenbett erneut die Jungfrau erschienen und habe ihr dabei auch ihren, Jacintas, Tod angekündigt. Im Februar 1938 berichtete Formigão dann gar von einer Prophezeiung, die Jacinta ihm durch die Ordensschwester Maria Godinho habe überbringen lassen. Die Prophezeiung kündigte in gehobenem Portugiesisch einen Kataklysmus[248], also eine große Katastrophe an: Bürgerkrieg, Blutbäder, Plünderungen, besonders in der Hauptstadt Lissabon, die sich in „ein wahres Bild der Hölle" verwandeln werde. Auf die Frage, wie die weitgehend ungebildete und im Sterben liegende Jacinta eine, auch in der Wortwahl, so pompöse Nachricht diktieren konnte und warum Formigão diese bis 1938 verschwieg,

247 Carvalho: Fátima, S. 110 weist etwas süffisant auf den Widerspruch hin, dass Formigão einerseits wundersame Heilungen in Fátima pries, andererseits aber überzeugt war, nur ein Sanatoriumsaufenthalt könne Jacinta noch retten.

248 Portugiesisch *cataclismo*.

gibt es keine Antwort.[249] Es passt aber zur Situation 1938: Die Diktatur des Estado Novo befand sich in der Phase der Festigung, in Spanien tobte der Bürgerkrieg und in dieser Zeit der ideologischen Konfrontationen predigten Kirche und Regierung die „rote Gefahr". Somit würden die möglicherweise erfundenen Aussagen Formigãos in ihrer Motivation den späteren Äußerungen Lúcias über die Erscheinungen von 1917 ähneln, die stets erweitert und an die jeweilige politische Situation angepasst wurden.
Nach dem frühen Tod von Francisco und Jacinta war Lúcia 1920 die einzige Überlebende der drei Hirtenkinder. Auf Betreiben Formigãos und des Bischofs von Leiria wurde sie bald darauf aus Fátima entfernt, in einen Orden gegeben und fortan dem direkten Kontakt zur Außenwelt, auch zu ihrer Familie, entzogen. Das mag bis zu einem gewissen Grad auch dem Schutz des Kindes vor ständigen Besuchern, Bitten und Fragen gedient haben. Das Ausmaß ihrer Abschottung und die Äußerungen des Bischofs von Leiria in seinem Brief an Formigão von 1925 lassen aber keinen anderen Schluss zu, als dass es darum ging, Lúcia zu kontrollieren und mögliche Aussagen und Handlungen des Mädchens, die den Plänen der Geistlichen hätten schaden könnten, zu verhindern. Unter dem Einfluss weniger ausgewählter Würdenträger verfasste Lúcia einige schriftliche „Erinnerungen" an die Ereignisse von Fátima, die den Geschehnissen des Jahres 1917 so viel Neues hinzufügten, dass die ursprünglichen Schilderungen der Kinder aus den ersten Befragungen gänzlich übermalt wurden.

Die ursprüngliche Botschaft der Erscheinung war recht simpel gewesen: Die Kinder sollen keine Angst vor der Frau haben und sechs Monate lang zum Ort der Erscheinung zurückkehren, um am Ende des sechsten Monats zu erfahren, was die Frau möchte.[250] Lúcia und Jacinta kommen in den Himmel, Francisco muss noch beten, um ebenfalls dorthin zu kom-

---

249 Schwester Godinho ist 1960 gestorben, Äußerungen von ihr zu den Umständen sind nicht bekannt.

250 Übrigens gab es zwar sechs Erscheinungen, zwischen dem 13. Mai und dem 13. Oktober liegen aber nur fünf, nicht sechs Monate.

men, Lúcia soll lesen lernen. Die Kinder sollen den Rosenkranz beten, damit der Krieg zu Ende geht, im Oktober wird die Frau etwas tun, damit alle glauben. Es sollen Prozessionstragen für die Frau vom Rosenkranz angefertigt werden Einige Personen werden innerhalb eines Jahres geheilt, andere nicht, da Gott nicht an sie glauben möchte. Es soll eine Kapelle gebaut werden, Briefe und Duftwasser sind nicht für den Himmel geeignet. Am 13. Oktober verkündete die Erscheinung zudem, dass der Krieg noch am selben Tag enden werde und die Militärs nach Hause kommen.

Der Krieg endete an jenem 13. Oktober 1917 jedoch nicht, das Schlimmste stand den portugiesischen Verbänden in Flandern gar noch bevor: Im April 1918 erlitt das Expeditionskorps eine vernichtende Niederlage, innerhalb von vierundzwanzig Stunden starben zwischen 400 und 600 Portugiesen, 6.600 gerieten in Gefangenschaft. Die falsche Prophezeiung wurde von Formigão im Abschlussbericht der Kanonischen Kommission umgedeutet und hatte schon zuvor der Begeisterung über die Ereignisse von Fátima keinen Abbruch getan. Je schlimmer die Situation und je größer die Hoffnungslosigkeit, desto stärker die Neigung auf ein Wunder zu hoffen, daran zu glauben und Kraft daraus zu ziehen: Die Misere des Landes, Unsicherheit, Angst, politische Instabilität und die Wirtschafts- und Finanzkrise hatten in Verbindung mit den Ereignissen von Fátima zur Wiederbelebung des Glaubens geführt.

Dass Papst Benedikt XV. 1918 die Diözese von Leiria wiedererrichtet hatte, stand aber zumindest offiziell in keiner direkten Verbindung zu den Ereignissen von Fátima. Der Papst selber äußerte sich öffentlich nie zu den Erscheinungen, auch nicht in der Bulle, in der er die Wiedererrichtung der Diözese verkündete.[251] Mit José Alves Correia da Silva ernannte er jedoch einen Geistlichen zum Bischof, der den Fátima-Kult absehbar bestärken und die Errichtung des Heiligtums befördern würde und der dann ja auch tatsächlich tatkräftig daran mitwirkte.

251 Vgl. auch Torgal: Sol, S. 148.

Unter der Federführung Formigãos wurde den Ereignissen bald im Gleichschritt mit der wachsenden nationalen und dann internationalen Aufmerksamkeit und der sich wandelnden innen- und weltpolitischen Lage eine immer größere Tiefe zugeschrieben. Die Geschichte wurde umgeschrieben, erweitert und an die politische Situation angepasst: Zuerst wurde Fátima zum nationalistischen, katholischen und anti-atheistischen Gegenpart zur Ersten Republik stilisiert, wobei die stets wachsende Menge der Fátima-Anhänger ein Werkzeug von unschätzbarem Wert darstellte. Denn die Erneuerung der Macht des Katholizismus konnte nicht von „oben" kommen: Die Proteste der portugiesischen Bischöfe und sogar des Papstes waren von der Regierung abgeblockt worden bzw. ohne die erhoffte Wirkung verhallt.

Der Sturz der Republik 1926 und die Errichtung des Estado Novo ab 1932 räumten die letzten Hindernisse für Fátima aus dem Weg. Das Heiligtum und der Glaube der Nation wurden nun zu Pfeilern des Regimes. Dass Salazar selten in Fátima war, bedeutet nicht, dass er aus der Geschichte der Erscheinungen und der Strahlkraft des Heiligtums keinen Nutzen zu ziehen wusste. Unter seiner Herrschaft wurde der Ort wiederholt zur Bühne politisch-kirchlicher Verbrüderung. Angesichts der Ereignisse in Spanien und Russland wurde der Fátima-Mythos zum antikommunistischen Bollwerk, ja zum Gegenpol zu Moskau ausgebaut.

Lúcia war dafür das ideale Medium, ihre niedergeschriebenen „Erinnerungen" dienten als präzises Instrument. Die mittlerweile erwachsene Frau schrieb stets auf Initiative einiger weniger Geistlicher, unter deren Kontrolle sie stand und die ihr die Themen vorgaben.[252]

Die so konstruierte Botschaft der Erscheinung von Fátima, die im Kern die Grundlage des heutigen Fátima-Kults darstellt, wird in der Forschung als Fátima II bezeichnet: Die ursprünglichen Ereignisse und die Berichte

252 Der Kardinal Bertone urteilte 2007: „Lúcia schrieb nie etwas aus eigener Initiative. Sie schrieb, weil es ihr angeordnet wurde." Vgl. Barreto: Século zitiert Tarcisio Bertone, Giuseppe De Carli: A última Vidente de Fátima, Lissabon 2007, S. 74.

der Kinder wurden beinahe gänzlich überdeckt, wobei das Geheimnis, das die Erscheinung den Kindern im Juli 1917 anvertraut haben soll und das diese nie verraten hatten, eine zentrale Rolle spielte. Zunächst besonders der zweite Teil des Geheimnisses, an den sich Lúcia vierundzwanzig Jahre später erinnerte und demzufolge ein Krieg während des Pontifikats Pius' XI. beginnen werde, an dem Russland die Schuld trage.

Dieser Krieg – der Zweite Weltkrieg – war bereits in vollem Gange, als Lúcia 1941 das „Geheimnis" niederschrieb, was aus der Vorhersage nun eher einen Rückblick machte. Ausgebrochen war der Konflikt allerdings nicht unter Pius XI., sondern unter seinem Nachfolger Pius XII. Diese erneute Ungenauigkeit erklärte Lúcia später damit, der eigentliche Kriegsausbruch sei die deutsche Annektion Österreichs gewesen[253], was besonders kurios erscheint, weil in der Prophezeiung ausschließlich Russland als Kriegsverursacher genannt wurde und nicht Hitler, das Deutsche Reich und der Nationalsozialismus. In Russland übrigens war im Juli 1917, dem Zeitpunkt der angeblichen Verkündung des Geheimnisses, zwar die Zarenherrschaft seit einigen Monaten gestürzt, die kommunistische Machtübernahme erfolgte aber erst später, im November des Jahres. Dementsprechend wurde nur in Portugal der Originaltext Lúcias veröffentlicht. In der italienischen Version, die der Bischof von Mailand im April 1942 in einem Hirtenbrief präsentierte, in dem er als erster den Inhalt des zweiten Teils des Geheimnisses verkündete, ist statt „Weihe Russlands" von „Weihe der Welt" die Rede und Russland erscheint nicht als Kriegsverursacher.[254]

◆

Unabhängig von der Wahrhaftigkeit der Ereignisse von 1917, ohne definitiv klären zu müssen, wie himmlisch die Erscheinungen wirklich waren und wie viel Wunder im „Sonnenwunder" steckte, lässt sich feststellen:

253 Memórias da Irmã Lúcia I, S. 121, Anm. 8.

254 Vgl. Barreto: Século.

Aus einem Ereignis von regional begrenzter Reichweite wurde durch den Kampf des republikanisch-atheistischen gegen das antirepublikanisch-religiöse Lager besonders in der Presse ein überregionales und hoch emotionales Thema. Befeuert nicht zuletzt auch durch die Umstände der Zeit – gesellschaftliche und politische Instabilität, Wirtschafts- und Versorgungskrise, Teilnahme Portugals am Ersten Weltkrieg – wurde Fátima zur Projektionsfläche für Glauben und Hoffnung weiter Teile der Bevölkerung und zum Versprechen himmlischen Beistands. Ehe nach 1917 alles wieder in Vergessenheit geriet, trat ein kleiner Kreis ambitionierter Geistlicher auf den Plan, die in kühler Berechnung aus den Ereignissen das Fundament für die Errichtung eines Heiligtums von außergewöhnlicher Größe und Strahlkraft formten. Während die Kirchenvertreter offiziell noch die Ereignisse auf ihre Wahrhaftigkeit untersuchten, bereiteten sie im Verborgenen schon den Bau der heiligen Stätte vor, etwa indem sie mit dem Erwerb der nötigen Grundstücke begannen, und arbeiteten zugleich an der Ausbreitung des Mythos von Fátima durch Verherrlichung und Überhöhung tatsächlicher ebenso wie erfundener Gegebenheiten. Als das Heiligtum schließlich errichtet und die Verehrung der Jungfrau genehmigt war, wurde Fátima zum machtpolitischen Werkzeug von Kirche und Politik, die seit dem Sturz der Republik 1926 wieder Seite an Seite standen. Parallel zu den ideologischen Konfrontationen, die sich ab Mitte der 1930er Jahre zuerst im Spanischen Bürgerkrieg und dann im Zweiten Weltkrieg in bewaffneten Konflikten entluden und im Kalten Krieg dann bis zum Fall des Eisernen Vorhangs Europa und die Welt spalteten, wurde Fátima nicht zuletzt durch immer wieder neue, von einflussreichen Kirchenvertretern forcierte „Erinnerungen" Lúcias zum Gegenpol zum kommunistischen Moskau stilisiert.

Ob die Erscheinungen und ihre Botschaft von 1917 wahr waren oder nicht, ist schon deshalb unerheblich, weil die Überlieferung dieser Ereignisse so stark manipuliert wurde, dass der heutige Fátima-Kult kaum noch etwas mit seinem Ursprung zu tun hat.

Ein anderer Blick auf Fátima

Eine islamische Lesart

Bald nachdem die drei Kinder das erste Mal von der Erscheinung berichtet hatten, wurde den Ereignissen ein religiöser Charakter zugeschrieben und katholische Kräfte beanspruchten erfolgreich die Deutungshoheit. Anhand einiger Fakten ließe sich aber auch eine gänzlich andere Deutung der Ereignisse wagen: eine islamische.[255]

Im frühen 8. Jahrhundert begann die Besetzung der Iberischen Halbinsel durch nordafrikanische, später arabische Stämme. Das Gebiet des heutigen Portugals wurde anfangs von Berbern, auch Mauren genannt, besetzt. Als 1143 von europäischen Christen das Königreich Portugal gegründet wurde, war die Region Santarém noch maurisch beherrscht, sie wurde erst 1147 von den Truppen des portugiesischen Königs erobert. In vielen Ortsnamen der Region lassen sich Verbindungen in die maurische und islamische Religion und Mythologie entdecken., darunter auch die der Schauplätze der Ereignisse von 1917.

Die Fatimiden, islamische Schiiten, gründeten im 9. Jahrhundert ein geheimes Kalifat gegen die vorherrschenden Kräfte der Sunniten. Zu den schiitischen Fatimiden gehörte auch jener Stamm, der einst das Gebiet der Serra de Aire besiedelt hatte. Schutzherrin der Schiiten ist Fátima, die Tochter Mohammeds und Frau Alis, des ersten schiitischen Imams. Der zwölfte Imam, so heißt es, verbarg sich. Er starb nicht, sondern wurde übernatürlich und würde eines Tages als Retter der Menschheit wieder erscheinen, als dann 13. Imam, weshalb die Zahl 13 eine besondere Bedeu-

255 Vgl. hierzu besonder Moíses Espírito Santo: Fátima e as reminiscências do islão em Portugal, in Arujo/Cruz: Senhora de Maio, S. 159-165 und ders.: Os Mouros Fatimídas, in Visão História N.°39, S. 92-93.

tung hat. Die Erscheinungen 1917 geschahen immer am 13. Tag des jeweiligen Monats, mit einer erzwungenen Ausnahme im August.

Der Name der Ortschaft Fátima soll auf die Tochter eines maurischen Fürsten zurückgehen, die wiederum nach der vierten Tochter Mohammeds benannt war. Diese Fürstentochter Fátima war im Zuge der „Reconquista", der Zurückdrängung des maurischen Machtbereichs, die später mit der vollständigen Rechristianisierung der Iberischen Halbinsel endete, entführt und 1158 mit dem christlichen Grafen von Ourém verheiratet worden. Aus Liebe oder unter Zwang konvertierte sie zum Christentum. Der Ort, an dem sie nach ihrem Tod beigesetzt wurde, wurde nach ihr benannt.

Der Ortsname Aljustrel könnte seinen Ursprung im von den Berbern gesprochenen Phönizisch-Punischen haben: *ahl zez tr' eli*[256] bedeutet „Leute, die um die Rückkehr Alis/Elias bitten". Das Wort *Iria* in Cova da Iria könnte vom arabischen *e-yra* stammen, das „sehen" oder „erscheinen" bedeutet. Zwei Kilometer von der Cova da Iria entfernt liegt Fazarga, wo sich eine Kapelle zu Ehren der heiligen Lucia befindet. Lucia bedeutet „die Leuchtende", Fazarga könnte auf *al Zahra*[257], „die Scheinende" zurückgehen, eine schiitische Ehrenbezeichnung für Mohammeds Tochter Fátima. Valinhos, der Ort der Erscheinung vom August 1917, hieß ursprünglich einmal *Valim*. Mit diesem Wort – es bedeutet „Freunde" – bezeichneten die Schiiten ihre Lehrer, die ihnen das Beten und Interpretieren des Korans beibrachten.

Laut Lúcias niedergeschriebenen Erinnerungen von 1937 war ihr, Jacinta und Francisco ein wenig oberhalb von Valinhos 1916 zum wiederholten Mal ein Engel erschienen, als sie so beteten, wie diese Erscheinung es ihnen zuvor beigebracht hatte: auf den Knien und mit dem Gesicht auf dem Boden[258] – so, wie es im Islam üblich ist.

---

256 Gesprochen *alzestareli*.

257 Gesprochen *azagra*.

258 Vgl. Luciano Cristino: As aparições do Anjo em 1915 e 1916, in Itinerário Temático do Centenário das Aparições de Fátima: 1.° ciclo. Fátima 2010, S. 33-43. Als pdf-Dokument

Den Rosenkranz, den zu beten die Erscheinung von 1917 die drei Hirtenkinder wiederholt aufgeforderte haben soll, hat Entsprechungen in verschiedenen anderen Religionen. Auch im Islam wird eine aus auf einer Schnur aufgereihten Perlen bestehende Gebetskette, die Misbaha, verwendet. Laut den Aufzeichnungen über die erste Befragung Lúcias vom 27. Mai 1917 sprach die erste Erscheinung nicht von *Rosenkranz*, sondern soll auf Lúcias Frage, ob Francisco auch in den Himmel komme, geantwortet haben, dieser müsse noch seine *Perlen* beten.[259]

Der nur bis zu den Knien reichende Rock der Erscheinung bereitete den katholischen Interpreten um Formigão so viel Kopfzerbrechen, dass sie die Länge des Kleidungsstücks schließlich schlicht negierten. Bei diesem mittellangen Rock könnte es sich um einen früher üblicherweise von Jungen getragenen Unterrock handeln und bedeuten, dass das Wesen der Erscheinung ebenso männlich wie weiblich war. Die fatimistische Überlieferung besagte, dass der 12. Imam bei seiner Wiederkehr eine Vereinigung aus Fátima und Ali sein würde. Auch solle dieser Imam bei seiner Rückkehr 15 Jahre alt sein. Jacinta sagte im Juli 1917, die Erscheinung sei so groß gewesen wie ein 15jähriges Mädchen aus ihrer Verwandtschaft. Auch Lúcia äußerte gegenüber Formigão im Oktober 1917, die Erscheinung sei ungefähr 15 Jahre alt. Und der Engel, der die Kinder 1916 gelehrt haben soll, auf den Knien und mit dem Gesicht auf dem Boden zu beten, war laut Lúcia „ein Junge von 14 oder 15 Jahren".[260]

---

online unter www.fatima.pt/documentacao verfügbar, dort S. 4 und 5.

259 Vgl. oben den Abschnitt über den 13. Mai 1917.

260 Cristino: Anjo, pdf S. 4.

Spiritistische Ankündigungen

Am 10. März 1917, gut neun Wochen vor der ersten Erscheinung von Fátima, erschien in der Zeitung »Diário de Notícias« im Anzeigenteil eine Annonce – die Überschrift eine Nummer, darunter ein kurzer Text[261]:

> 135917
>
> Vergiss nicht den glücklichen Tag, an dem unser Martyrium vorbei sein wird. Der Krieg, den sie uns bereiten, wird enden.
>
> A. & C.

Die Zahlenkombination wurde später als Hinweis auf den 13. Mai 1917 gedeutet, den Tag der ersten Erscheinung von Fátima.

An genau diesem 13. Mai 1917 erschien im »Jornal de Notícias« eine Mitteilung der Redaktion:

> Der Krieg und der Spiritismus
>
> Sensationelle Enthüllung
>
> Gestern haben wir eine Postkarte bekommen, deren Text wir hier wiedergeben:
>
> Porto, 11. Mai 1917
>
> Herren Redakteure,
>
> von den Geistern wurde verschiedenen spiritistischen Gruppen mitgeteilt, dass sich am dreizehnten des laufenden Monats eine Tatsache bezüglich des Krieges ergeben wird, die alle Leute aufs Stärkste beeindrucken wird.
>
> Ich habe die Ehre, zu unterzeichnen. Spiritist und ergebener Propagandist der Wahrheit. – Antonio

Aufgegeben worden waren diese Anzeigen von spiritistischen Clubs aus Porto und Lissabon. Bei „Antonio" soll es sich um einen bekannten Spiri-

261 Vgl. zu diesem Kapitel besonders João Céu e Silva: Anúncio no Diário de Notícias previa Fátima dois meses antes, in Diário de Notícias (dn.pt), 13. Mai 2019 (zuerst 10. März 2017) und Natário: O sol.

tisten aus Porto gehandelt haben und „C." soll für Carlos Calderon stehen – ein damals bekannter Sänger, Komponist und Dirigent und begeisterter Spiritist.

Der Spiritismus war um die Wende vom 19. zum 20. Jahrhundert stark in Mode und derartige Annoncen waren keine Seltenheit. Sie wurden aufgegeben, um die Resultate spiritistischer Sitzungen vor dem Tag des angekündigten Ereignisses zu dokumentieren und somit anschließenden Zweifeln entgegenzuwirken.

Die Nachricht, die Calderon kundzutun hatte, war, so geht es aus dem Sitzungsprotokoll der Spiritisten vom 7. Februar 1917 hervor, durch *Écriture automatique*, geschrieben von rechts nach links, übermittelt worden. Bei diesem absichts- und kontrolllosen freien Schreiben soll Unbewusstes oder eben Jenseitiges ungefilterten Ausdruck finden.

Um diese Anzeigen jedoch tatsächlich mit den Ereignissen von Fátima in Verbindung zu bringen, existieren zu wenig gesicherte Fakten, seriöse Schlüsse lassen sich nicht ziehen. Zwar ging es auch in den Anzeigen um den Krieg, der zentraler Bestandteil auch der angeblichen Äußerungen der Erscheinung waren. Doch waren der Weltkrieg und die durch ihn verursachten Ängste und Nöte ebenso alltäglich wie die Hoffnung auf ein baldiges Ende dieses grausamen Konflikts. Das Datum 13. Mai 1917 und eine „Tatsache bezüglich des Krieges, die alle Leute aufs Stärkste beeindrucken wird" bzw. das Ende von einem „Krieg, den sie uns bereiten" – mehr als diese schwammigen Angaben geben die Anzeigen nicht her. Tatsachen jedenfalls wurden an diesem 13. Mai 1917 nicht geschaffen, auch endete kein „Krieg", zumindest nicht der Weltkrieg, der in seinem Ausmaß und seiner Verheerung alle Grenzen des bis dahin Gekannten gesprengt hatte und noch bis in den November 1918 wüten sollte.

Chronik:
Die Ereignisse von Fátima

1910

- [5. Oktober] In Portugal wird die Monarchie gestürzt und die Erste Republik ausgerufen. Sogleich werden Gesetze zur Eindämmung von Macht und Einfluss der Kirche erlassen.
- [8. Oktober] Die religiösen Orden werden aus Portugal verbannt, Klöster geschlossen.
- [24. Dezember] Die portugiesischen Bischöfe unterzeichnen einen gemeinsamen Hirtenbrief, in dem sie die Religionspolitik der Regierung kritisieren.

1911

- [26. Februar] Die Regierung untersagt die Verlesung des Hirtenbriefs der portugiesischen Bischöfe in den Gottesdiensten. Der Bischof von Porto ignoriert das Verbot und wird verbannt.
- [März] Papst Pius X. erklärt seine Zustimmung zum Hirtenbrief der portugiesischen Bischöfe.
- [20. April] Das Gesetz zur Trennung von Staat und Kirchen wird verkündet.
- [24. Mai] Papst Pius X. verurteilt in der Enzyklika „Iamdudum in Lusitania“ die portugiesische Religionspolitik scharf.
- [1. Juli] Die diplomatischen Beziehungen zwischen Portugal und dem Vatikan werden abgebrochen.

1912

- [28. Januar] In Lissabon bricht ein Generalstreik aus, zwei Tage später wird der Ausnahmezustand verhängt.
- [10. Juli] Die portugiesische Gesandtschaft im Vatikan wird aufgelöst.

1913

- [27. April] In Lissabon toben Unruhen, Bomben explodieren.
- [10. Juni] In Lissabon kommt es zu Ausschreitungen von Gewerkschaftern.
- [7. Juli] In Lissabon scheitert ein Revolutionsversuch, es kommt zu bewaffneten Kämpfen.
- [20. Juli] Ein weiterer Umsturzversuch in Lissabon scheitert. Erneut kommt es zu bürgerkriegsartigen Zuständen.

1914

- [18. August] Nach dem Ausbruch des Weltkriegs beschließt Lissabon die Entsendung von Militäreinheiten zur Sicherung der Kolonien Angola und Mosambik. Die ersten Verbände stechen am 10. und 12. September in See.
- [18. September] In Lissabon und Porto kommt es zu Unruhen und Überfällen wegen der zunehmenden Versorgungsschwierigkeiten.
- [7. Oktober] In Lissabon stechen weitere Verbände Richtung Mosambik in See.
- [5. November] Weitere Verstärkungstruppen brechen nach Angola auf.

1915

- [3. Februar] Weitere Einheiten werden nach Angola entsandt.
- [3. März] Hunger und steigende Preise provozieren an vielen Orten Portugals Unruhen und Überfälle.

1916

- [29. JANUAR] In Lissabon und anderen Orten kommt es zu Unruhen und Auseinandersetzungen mit der Polizei.
- [9. MÄRZ] Das Deutsche Reich erklärt Portugal den Krieg, nachdem Lissabon auf britischen Wunsch die in portugiesischen Häfen liegenden deutschen Schiffe beschlagnahmt hatte.
- [APRIL] 20.000 Soldaten werden zur Ausbildung für den Einsatz im Weltkrieg berufen.
- [28. MAI] Eine dritte Militärexpedition wird nach Mosambik entsandt.
- [13. DEZEMBER] Eine Militärrevolte in Tomar scheitert.

1917

- [5. JANUAR] Eine vierte Militärexpedition wird nach Mosambik entsandt.
- [30. JANUAR] Die ersten Verbände des portugiesischen Expeditionskorps werden nach Frankreich verlegt.
- [13. MAI] Die drei Hirtenkinder Lúcia dos Santos, Jacinta Marto und Francisco Marto aus dem Dorf Aljustrel berichten von der Erscheinung einer weiß gekleideten Frau.
- [19.-21. MAI] In Lissabon und Porto toben Streiks, Aufstände und Überfälle. Es gibt zahlreiche Todesopfer. In den nächsten Monaten häufen sich derartige Zwischenfälle im ganzen Land, auch in den ländlichen Regionen.
- [27. MAI] Manuel Marques Ferreira, der Pfarrer von Fátima befragt Lúcia zu den Ereignissen vom 13. Mai.
- [13. JUNI] Den Hirtenkindern erscheint wie angekündigt zum zweiten Mal die Frau in der Cova da Iria.
- [14. JUNI] Pfarrer Marques Ferreira befragt Lúcia zu den Ereignissen des Vortags.
- [13. JULI] Mehrere hundert Menschen haben sich in der Cova da Iria versammelt. Den drei Hirtenkindern erscheint die Frau zum dritten Mal.

- [14. JULI] Pfarrer Marques Ferreira befragt Lúcia und Jacinta zu den Ereignissen des Vortags.
- [23. JULI] Erstmals wird in der Presse über die Ereignisse berichtet. Der Autor eines in der Tageszeitung »O Século« erschienenen Artikel vermutet finanzielle Interessen hinter den angeblichen Erscheinungen.
- [29. JULI] In der katholischen Zeitung »O Ouriense« schreibt der Pfarrer Jacinto Ferreira mit offener Begeisterung über die Ereignisse.
- [11. AUGUST] Der republikanische Verwalter Artur de Oliveira Santos lädt die Eltern der drei Hirtenkinder zum Gespräch nach Ourém.
- [13. AUGUST] Am Tag, für den die vierte Erscheinung angekündigt ist, bringt Oliveira Santos die Kinder gegen deren Willen und ohne Einverständniserklärung ihrer Eltern nach Ourém und verhindert so, dass sie zum Ort der Erscheinungen gehen. In der Cova da Iria versammeln sich bis zu 5.000 Menschen, verschiedene Augenzeugen berichten von Unruhe und Panik, von Donner, einer Rauchwolke und bunten Farben am Himmel. Einige behaupten, die Jungfrau Maria gesehen zu haben.
- [15. AUGUST] Die drei Kinder kehren nach Hause zurück.
- [19. AUGUST] Den drei Kindern erscheint in Valinhos erneut die Frau.
- [21. AUGUST] Pfarrer Marques Ferreira befragt Lúcia zu den Ereignissen vom 19. August.
- [13. SEPTEMBER] Den Kindern erscheint die Frau zum fünften Mal. Am Ort der Erscheinung haben sich über 20.000 Menschen versammelt.
- [15. SEPTEMBER] Pfarrer Marques Ferreira befragt Lúcia zu den Ereignissen vom 13. September.
- [27. SEPTEMBER] Der Geistliche Manuel Nunes Formigão besucht Aljustrel und befragt Lúcias Mutter, Jacinta, Francisco und Lúcia.
- [11. OKTOBER] Formigão reist erneut nach Aljustrel und befragt erneut Lúcia, Lúcias Mutter, Jacinta und Francisco.

- [13. Oktober] In der Cova da Iria erscheint den Kindern zum sechsten und letzten Mal die Frau. 30.000-40.000 dort versammelte Menschen werden anschließend Zeugen des „Sonnenwunders".
- [15. Oktober] In »O Século« erscheint ein Artikel des Journalisten Avelino de Almeida, der als Beobachter am 13. Oktober vor Ort war.
- [16. Oktober] Pfarrer Marques Ferreira befragt Lúcia zu den Ereignissen vom 13. Oktober.
- [19. Oktober] Formigão besucht erneut die Kinder, die an diesem Tag auch vom Pfarrer José Ferreira de Lacerda befragt werden.
- [29. Oktober] In der Zeitschrift »Ilustração Portuguesa« erscheint ein weiterer Artikel von Avelino de Almeida über die Ereignisse vom 13. Oktober mit Bildern des Fotografen Judah Bento Ruah.
- [November] Lacerda veröffentlicht in den vier Novemberausgaben der Wochenzeitung »O Mensageiro« Auszüge aus den Befragungen der drei Kinder.
- [7. November] In Russland übernehmen die kommunistischen Bolschewiki gewaltsam die Macht.
- [5. Dezember] Ein Aufstand führt zum Sturz der portugiesischen Regierung. Sidónio Pais übernimmt die Macht.

1918

- [17. Januar] Papst Benedikt XV. verkündet die Wiedererrichtung der 1882 aufgelösten Diözese von Leiria.
- [23. Februar] Das Gesetz zur Trennung von Staat und Kirchen wird modifiziert.
- [9. April] In Flandern beginnt die deutsche Operation „Georgette": In der Schlacht von La Lys erleidet das Portugiesische Expeditionskorps eine vernichtende Niederlage.
- [Mai] Die „Spanische Grippe" bricht aus.

- [18. Juni] Eine Frau namens Maria do Carmo berichtet einem Pfarrer von ihrer wundersamen Heilung in Fátima.
- [9. Juli] Die diplomatischen Beziehungen zwischen Portugal und dem Vatikan werden wieder aufgenommen.
- [6. August] Pfarrer Marques Ferreira übergibt die Protokolle seiner Befragungen der Kinder dem Erzbischof von Mitilene, der ihn im November 1917 mit einer Untersuchung in seiner Pfarrei beauftragt hatte.
- [8. September] In Portugal wird mit der Rationierung von Waren begonnen, Bezugskarten werden ausgegeben.
- [28. September] In der Zeitung »A Guarda« erscheint der erste von Formigão unter dem Pseudonym Visconde de Montelo verfasste Artikel.
- [12. Oktober] In vielen portugiesischen Städten brechen revolutionäre Aufstände aus. Die Bewegungen werden in den folgenden Tagen brutal niedergeschlagen.
- [14. Dezember] Sidónio Pais wird von einem Attentäter erschossen.

1919

- [4. April] Francisco stirbt an der „Spanischen Grippe" und wird auf dem Friedhof von Fátima beigesetzt.
- [28. April] Pfarrer Marques Ferreira übergibt dem Erzbischof von Mitilene weitere Dokumente als Ergebnis seiner Untersuchung.
- [15. Juni] In der Cova da Iria wird die „Erscheinungskapelle" eingeweiht.
- [1. Juli] Die kranke Jacinta kommt ins Hospital von Ourém, wo sie bis Ende August bleibt, jedoch nicht geheilt werden kann.
- [13. Oktober] Jacinta besucht von Krankheit gezeichnet die Cova da Iria.

1920

- [2. Februar] Jacinta kommt ins Hospital D. Estefânia in Lissabon, wo sie am 10. Februar operiert wird.

- [20. FEBRUAR] Jacinta stirbt im Krankenhaus in Lissabon und wird in Ourém beigesetzt.
- [5. MAI] José Alves Correia da Silva wird zum Bischof von Leiria ernannt.
- [13. MAI] Die Statue der Jungfrau von Fátima wird in der Pfarrkirche von Manuel Bento Moreira, dem neuen Pfarrer von Fátima gesegnet. Eine für denselben Tag geplante Prozession zur Cova da Iria war von der Regierung verboten worden.
- [13. JUNI] Mit stiller Genehmigung der Behörden wird die Statue der Jungfrau von Fátima in die Erscheinungskapelle in der Cova da Iria gebracht.
- [JULI] Lúcia reist nach Lissabon, wo sie ein Internat besuchen soll, doch die Schulleitung lehnt ab und Lúcia kehrt am 8. August nach Hause zurück.
- [5. AUGUST] José Alves Correia da Silva tritt sein Amt als Bischof von Leiria an. Er koordiniert sogleich die schon zuvor begonnenen Bemühungen, die Grundstücke um die Cova da Iria zu kaufen.

1921

- [17. JUNI] Lúcia wird in Porto ins Kinderheim der Dorothea-Schwestern aufgenommen. Ihr Briefverkehr wird fortan kontrolliert.
- [14. SEPTEMBER] Die ersten Kaufverträge für die Grundstücke um die Cova da Iria werden unterschrieben. Der Bischof besucht die Cova da Iria und erlaubt, dort Feldgottesdienste zu feiern.
- [17. SEPTEMBER] Jacinto Ferreira berichtet Formigão, dass er in der Cova da Iria nach Wasser für einen Brunnen suchen lässt.
- [13. OKTOBER] In der Cova da Iria wird der erste Feldgottesdienst gefeiert und die Erscheinungskapelle gesegnet.
- [2. NOVEMBER] Agostinho Marques Ferreira wird neuer Pfarrer von Fátima.

- [18. November] Der Bischof verbietet des Abbrennen von Feuerwerk und den Verkauf alkoholischer Getränke am Ort der Erscheinungen.

1922

- [17. Januar] Auf Aufforderung ihres Beichtvaters Manuel Pereira Lopes, dem Generalvikar der Diözese von Porto, schreibt Lúcia erstmals ihre Erinnerungen an die Vorfälle des Jahres 1917 nieder.
- [6. März] Die Erscheinungskapelle wird durch einen Bombenanschlag beschädigt.
- [13. März] Eine große Zahl von Gläubigen zieht in einer Prozession zur Cova da Iria, wo ein Feldgottesdienst gefeiert wird.
- [3. Mai] Der Bischof äußert sich erstmals offiziell zu den Ereignissen von Fátima und beruft eine Kanonische Kommission zur Untersuchung der Vorkommnisse.
- [4. Mai] Die Kanonische Kommission trifft sich zu ihrer ersten und bis 1930 letzten Sitzung.
- [13. Mai] Mehrere zehntausend Menschen ziehen in einer erneuten Prozession zur Cova da Iria.
- [13. Oktober] Die erste Ausgabe der Monatszeitung »Voz da Fátima« erscheint. Während eines Feldgottesdienstes werden zahlreiche Anwesende Zeuge eines erneuten „Sonnenwunders".

1923

- [Januar] Die im Dezember begonnenen Arbeiten zur Wiedererrichtung der Erscheinungskapelle werden abgeschlossen.
- [28. September] Formigão und der Pfarrer Manuel Marques dos Santos verhören Lúcias Mutter, die Eltern von Jacinta und Francisco sowie vier weitere Gemeindemitglieder aus Fátima.
- [Oktober] Es wird mit der Errichtung einer Mauer um das Gelände der Cova da Iria begonnen.

1924

- In der Cova da Iria wird eine zweite Kapelle errichtet und der Bau eines Krankenhauses begonnen.
- [8. JULI] Formigão und Marques dos Santos verhören Lúcia.
- [13. JULI] Der Bischof von Leiria veröffentlicht weitere Verhaltensregeln für Pilger.

1925

- Der Bau eines Hauses für den künftigen Kaplan wird begonnen und ein Kreuzweg zur Cova da Iria gestaltet.
- [JUNI] Auf dem Anwesen des Bischofs von Leiria trifft Lúcia ihre Mutter wieder. Diese gibt Lúcia die Erlaubnis, Ordensschwester zu werden. Im Oktober geht Lúcia daraufhin nach Pontevedra in Spanien.
- [10. DEZEMBER] Lúcia berichtet von weiteren Erscheinungen.
- [13. DEZEMBER] Der Bischof veröffentlicht weitere Anweisungen über Pilgerfahrten nach Fátima.

1926

- Das erste Handbuch für Fátima-Pilger erscheint mit bischöflicher Genehmigung.
- [13. MAI] In Fátima wird eine Stelle zur medizinischen Überprüfung möglicher Wunderheilungen eingerichtet.
- [28. MAI] Ein Putsch stürzt die Erste Republik, eine Militärregierung übernimmt die Macht.
- [2. OKTOBER] Lúcia beginnt ihr Noviziat in Tui (Spanien).

1927

- In der Cova da Iria wird ein Brunnen mit 15 Wasserspendern angelegt.

1928

- In der Cova da Iria wird eine dritte Kapelle errichtet.
- [13. MAI] Der Grundstein für die Rosenkranz-Basilika wird gelegt.
- [3. OKTOBER] Lúcia legt ihr zeitliches Ordensgelübde ab.

1929

- Das Krankenhaus des künftigen Heiligtums wird eröffnet.
- Der Bamberger Geistliche Ludwig Fischer gründet die Zeitschrift »Bote von Fatima«
- [13. MAI] Ein Elektrizitätswerk für die Anlage von Fátima wird eingeweiht.
- [18. NOVEMBER] Manuel Cerejeira wird zum Kardinalpatriarch von Lissabon ernannt und am 6. Dezember eingesetzt.

1930

- Ludwig Fischers Buch »Fatima, das portugiesische Lourdes« erscheint.
- [FEBRUAR] Papst Pius XI. ruft in einem Schreiben zum Kampf gegen den Bolschewismus auf.
- [14. APRIL] Die Kanonische Kommission verabschiedet ihren vom Vortag datierenden Abschlussbericht, in dem die Erscheinungen als übernatürlich klassifiziert werden.
- [MAI] Lúcia berichtet, dass ihr die Jungfrau Maria erneut erschienen sei.
- [13. OKTOBER] Der Bischof verkündet die Glaubwürdigkeit der Erscheinungen und erlaubt die Verehrung der Jungfrau von Fátima.

1931

- Der 1923 gegründete Orden der Severas de Nossa Senhora de Fátima lässt sich in Fátima nieder.

- [13. Mai] Im Rahmen der ersten „Nationalen Pilgerfahrt" kommen Kardinalpatriarch Cerejeira, 13 der 15 portugiesischen Bischöfe, der päpstliche Nuntius und bis zu 300.000 Menschen nach Fátima.

1932

- [5. Juli] António de Oliveira Salazar wird zum Ministerpräsident ernannt, er regiert das Land diktatorisch bis 1968.

1934

- Der 1926 gegründete Orden der Irmãs Reparadoras da Nossa Senhora de Fátima lässt sich in Fátima nieder.
- [3. Oktober] Lúcia legt in Pontevedra ihr ewiges Gelübde ab.

1935

- Der Orden der Unbeschuhten Karmelitinnen lässt sich in Fátima nieder.
- [12. September] Die sterblichen Überreste von Jacinta werden auf den Friedhof von Fátima überführt.
- [Dezember] Lúcia verfasst auf Aufforderung des Bischofs eine schriftliche Erinnerung über Jacinta und die Ereignisse von 1917.

1936

- [16. Februar] Die Volksfront siegt bei den Wahlen in Spanien. Die portugiesischen Bischöfe versammeln sich daraufhin in Fátima und bitten die Jungfrau Maria um Schutz vor der kommunistischen Gefahr.

1937

- Dominikaner-Schwestern lassen sich in Fátima nieder.

- [November] Lúcia schreibt auf Anweisung des Bischofs zum zweiten Mal ihre Erinnerungen auf und berichtet von Engelserscheinungen vor 1917.

1938

- [Februar] Formigão berichtet von einer Prophezeiung, die Jacinta ihm kurz vor ihrem Tod zukommen ließ.
- [13. Mai] Im Rahmen einer weiteren „Nationalen Pilgerfahrt" wird in Fátima eine Dankesprozession für den Schutz der Jungfrau vor der kommunistischen Gefahr organisiert.

1939

- [November] Der Bischof bittet Lúcia um eine Erklärung über den Papst, Russland und den Krieg.

1940

- [Januar] Lúcia bezeichnet Russland als Verursacher des Spanischen Bürgerkriegs und des Zweiten Weltkriegs.
- [Oktober] Lúcia schreibt auf Anweisung des Bischofs einen Brief an den Papst, in dem sie erklärt, ein Teil das Geheimnisses, das die Erscheinung 1917 den Kindern anvertraute, habe mit der Weihe Russlands zu tun.

1941

- [August] Nach dem deutschen Angriff auf Russland weist der Bischof Lúcia an, erneut über Russland und den Krieg zu schreiben. Lúcia schreibt daraufhin über die ersten zwei Teile des von der Erscheinung den Kindern anvertrauten Geheimnisses.

- [Dezember] Lúcia schreibt auf Anweisung des Bischofs eine weitere Erinnerung, dieses Mal über Jacinta, Francisco und die Erscheinungen.

1942

- Die ersten zwei Teile des Geheimnisses werden veröffentlicht: Es handelte sich um eine Vision der Hölle und um die Notwendigkeit der Bekehrung Russlands zur Vermeidung eines Kriegs.
- [13. Mai] In Fátima wird der 25. Jahrestag der ersten Erscheinung gefeiert.

1943

- [2. Juni] Der Film »Fátima. Terra de Fé« feiert Premiere.

1945

- [7. November] Lúcia schreibt dem Bischof von Leiria mit Blick auf die anstehenden Wahlen, Salazar sei von Gott dazu auserwählt, das Land weiterhin zu regieren. Am 18. November gewinnt die salazaristische Organisation die Wahlen, nachdem die Opposition wegen Repressionen auf ihre Teilnahme verzichtet hatte.

1946

- [13. Mai] Die Statue der Jungfrau von Fátima wird mit einer aus dem Schmuck portugiesischer Frauen gefertigten Krone gekrönt.
- [17. Mai] Lúcia zieht ins Dorothea-Kolleg nach Vila Nova de Gaia.

1948

- [25. März] Lúcia zieht ins Karmelitinnen-Kloster nach Coimbra.

1951

- [1. Mai] Die sterblichen Überreste von Jacinta werden in die Rosenkranz-Basilika überführt.

1952

- [13. März] Die sterblichen Überreste von Francisco werden in die Rosenkranz-Basilika überführt.

1953

- Kardinalpatriarch Cerejeira erklärt Fátima zum „Altar der Welt".
- [13. März] Der US-amerikanische Film »The Miracle of Our Lady of Fatima« feiert in Portugal Premiere.
- [13. Oktober] Die Rosenkranz-Basilika wird eingeweiht.

1967

- [13. Mai] Papst Paul VI. besucht Fátima.

1974

- [25. April] Die „Nelkenrevolution" stürzt den autoritären Estado Novo.

1981

- [13. Mai] Auf Papst Johannes Paul II. wird ein Attentat verübt, das dieser schwer verletzt überlebt. Später im Jahr lässt er sich Lúcias Niederschrift über den dritten Teil des Geheimnisses zeigen.

1982

- [13. Mai] Johannes Paul II. besucht Fátima und dankt der Jungfrau Maria, dass er das Attentat vom Vorjahr überlebt hat.

1989

- Johannes Paul II. schenkt der Diözese von Leiria eine beim Attentat 1981 auf ihn abgefeuerte Kugel. Diese wird daraufhin in die Krone der Statue der Jungfrau von Fátima eingesetzt.

1991

- [13. Mai] Johannes Paul II. besucht Fátima zum zweiten Mal.

2000

- [13. Mai] Johannes Paul II. besucht Fátima zum dritten Mal und spricht die Hirtenkinder Jacinta und Francisco selig.
- [26. Juni] Unter Leitung des Kardinals Joseph Ratzinger wird der dritte Teil des Geheimnisses veröffentlicht. Dieser handelt u.a. von der Ermordung des Heiligen Vaters.

2004

- [6. Juni] Der Grundstein für den Bau der Basilika der heiligen Dreifaltigkeit wird gelegt.

2005

- [13.Februar] Lúcia stirbt im Alter von 97 Jahren.

2006

- [19. Februar] Lúcias sterbliche Überreste werden in die Rosenkranz-Basilika überführt.

2007

- [12. Oktober] Die Basilika der heiligen Dreifaltigkeit wird eingeweiht. Mit über 8.500 Plätzen gehört sie zu den größten katholischen Kirchen der Welt.

2008

- [14. Februar] Papst Benedikt XVI. erlaubt die Einleitung eines Verfahrens zur Seligsprechung Lúcias.

2010

- [13. Mai] Papst Benedikt XVI. besucht Fátima.

2017

- [13. Mai] Anlässlich des 100. Jahrestags der ersten Erscheinung besucht Papst Franziskus Fátima. Jacinta und Francisco werden heiliggesprochen.

Das «Wunder»

„Der Hunger ist die wahre Erscheinung! Fühlbar und real!..."

Karikatur aus O Século comico, humoristische Beilage zu O Século,

in Ilustração Portuguesa N.° 610, 29. Oktober 1917.

Quellenverzeichnis

- A morte do ilustre jornalista Avelino de Almeida, in Diário de Lisboa, 3. August 1932.
- A trabalhar ou a andar com as ovelhas eram como outra criança qualquer… Interview mit João Marto, in António Marujo/Rui Paulo da Cruz: A Senhora de Maio, Todas as Perguntas sobre Fátima, Lissabon 2017, S. 35-39.
- Almeida, Avelino de: Como o Sol bailou ao meio dia em Fátima, in O Século, 15.10.1917. Abgedruckt in Visão História N.° 39: Fátima. A construção do fenómeno, 2017, S. 35-39 und in Torgal, Luís Filipe: O sol bailou ao meio dia. A criação de Fátima, Lissabon [2]2017, S. 264-268.
- Almeida, Avelino de: O Milagre de Fátima, in Ilustração Portuguesa II Série – N.° 610, 29. Oktober 1917, S. 353-356.
- Couto, P.[e] Manoel José Gonçalves: Missão Abreviada para despertar os descuidados, converter os Peccadores e sustentar o fructo das Missões, Porto [6]1868.
- Diário do Governo n.° 4/1910; n.° 7/1910; n.° 12,/1910; n.° 16/1910; n.° 19/1910; n.° 26/1910; n.° 70/1910; n.° 41/ 1911; n.° 41/1911; n.° 92/1911.
- Documentação Crítica de Fátima Vol I.: Interrogatórios aos Videntes (1917), Fátima 1992.
- Documentação Crítica de Fátima Vol II.: Processo Canónico Diocesano (1922-1930), Fátima 1999.
- Documentação Crítica de Fátima. Seleção de documentos (1917-1930), Fátima 2013.
- Ilustração Portuguesa. Edição Semanal do Jornal «O Século», N.° 567-619, 1917.

- Imponente Manifestação de Fé, in O Mensageiro, 19. Mai 1923, S. 1.
- Kongregation für die Glaubenslehre: Die Botschaft von Fátima, 2000.
- Lei da separação do Estado das Igrejas, in Diário do Governo n.° 92, 21. April 1911.
- Manual do Peregrino da Fátima 1926-1928, Lissabon.
- Memórias da Irmã Lúcia I, Compilação do P.e Luis Kondor, Fátima [13]2007.
- O Conselho d'Estarreja, 17. Juni 1916.
- O Ouriense, 29. Juli 1917.
- Os acontecimentos de Lisboa, in Ilustração Portuguesa II Série – N.° 589, 4. Juni 1917, S. 448.
- Pinto de Figueiredo, Miguel: A «Senhora» de Fátima, in Jornal de Leiria, 14. Oktober 1917.
- Pius X.: Iamdudum. Encyclical of Pope Pius X on the law of separation in Portugal, 24. Mai 1911.
- Portugal – Minstério das Finanças (Hg.): Censo da População de Portugal no 1.° de Dezembro de 1911, Parte I, Lissabon 1913.
- Santuário de Fátima: Ave de Fátima, Fátima o.J.
- Silva Ribeiro, Acácio da: Intervenção milagrosa de N.S. do Rosário da Fátima num desastre mortal, in Voz da Fátima N.° 61, 13. Oktober 1927, S. 1-2.
- V.M.: Repetiçãodo do phenomeno solar de 1917?, in Voz da Fátima N.° 2, 13. November 1922, S. 2-3.
- Visconde de Montelo: A que vimos, in Voz da Fátima N.° 1, 13. Oktober 1922, S. 1-2.
- Voz da Fátima, alle Jahrgänge.

Literaturverzeichnis

- Almeida de Carvalho, Rita: A atitude de Salazar, in Visão História N.°39: Fátima. A construção do fenómeno, 2017, S. 65-69.
- Almeida Martins, Luís: Lourdes, o modelo a seguir, in Visão História N.°39: Fátima. A construção do fenómeno, 2017, S. 30-33.
- Andrade Martin, Conceição: Trabalho e condições de vida em Portugal (1850-1913), in Análise Social 142/1997, S. 483-535.
- Araújo, António: Uma visita incómoda, in Visão História N.° 39: Fátima. A construção do fenómeno, 2017, S. 82-87.
- Barreto, José: A joia da coroa, in Visão História N.°39: Fátima. A construção do fenómeno, 2017, S. 89-91.
- Barreto, José: Um século de mensagens de Fátima, portugiesische Übersetzung des Artikels I messaggi di Fatima tra anticomunismo, religiosità popolare e riconquista cattolica, in Memoria e Ricerca 3/2016, S. 395-420.
- Barreto, José: Uma carta de Lúcia sobre as eleições de 1945, in António Marujo/Rui Paulo da Cruz: A Senhora de Maio, Todas as Perguntas sobre Fátima, Lissabon 2017, S. 318-324.
- Belo, Maria: Fátima, lendas e a política do tempo, in António Marujo/Rui Paulo da Cruz: A Senhora de Maio, Todas as Perguntas sobre Fátima, Lissabon 2017, S. 149-157.
- Blackbourn, David: „Die von der Gottheit überaus bevorzugten Mägdlein" – Marienerscheinungen im Bismarckreich, in Irmtraud Götz von Olenhusen: Wunderbare Erscheinungen. Frauen und katholische Frömmigkeit im 19. und 20. Jahrhundert, Paderborn u.a. 1995, S. 172-201.

- Blackbourn, David: Wenn ihr sie wieder seht, fragt wer sie sei. Marienerscheinungen in Marpingen – Aufstieg und Niedergang des deutschen Lourdes. Hamburg [2]2007.
- Cabral, Luís Pedro: O drama da família Marto, in Visão História N.°39: Fátima. A construção do fenómeno, 2017, S. 51-53.
- Cabral, Luís Pedro: Os 'miraculados', in Visão História N.°39: Fátima. A construção do fenómeno, 2017, S. 57-59.
- Capela, José Viriato: As Freguesias do Distrito do Porto nas Memórias Paroquiais de 1758, Braga 2009.
- Cardoso Reis, Bruno: Fátima: a recepção nos diários católicos (1917-1930), in Análise Social 158-159/2001, S. 249-299.
- Carvalho, Patrícia: Fátima. Milagre ou construção? Porto 2017.
- Catroga, Fernando: O laicismo e a questão religiosa em Portugal (1865-1911), in Análise Social 100/1988, S. 211-273.
- Céu e Silva, João: Anúncio no Diário de Notícias previa Fátima dois meses antes, in Diário de Notícias (dn.pt), 13. Mai 2019, zuerst 10. März 2017.
- Coelho da Silva, Patrick: O Santuário de Fátima: arquitetura portuguesa do século XX, Porto 2012.
- Costa Pinto, António: Der Zusammenbruch der portugiesischen Demokratie in der Zwischenkriegszeit, in Fernando Rosas: Vom Ständestaat zur Demokratie. Portugal im zwanzigsten Jahrhundert, München 1997.
- Costa Pinto, António: Muitas crises, poucos compromissos: a queda da Primeira República, in Penélope 19-20/1998, S. 43-70.
- Cristino, Luciano: A primeira aparição de Nossa Senhora, a 13 de maio de 1917, in Costa, Bernardino (Koord.): Quereis oferecer-vos a Deus?: Itinerário temático do Centenário das Aparições de Fátima: 2.° ciclo. Fátima 2011. S. 33-43.

- Cristino, Luciano: A segunda aparição de Nossa Senhora na Cova da Iria (13.06.1917), in Costa, Bernardino (Koord.): Não tenhais medo: Itinerário Temático do Centenário das Aparições de Fátima: 3.° ciclo. Fátima 2012. S. 27-35.
- Cristino, Luciano: A terceira aparição de Nossa Senhora na Cova da Iria em 13 de julho de 1917, in Vaz, Carla Abreu (Koord.): Envolvidos no amor de Deus pelo mundo: Itinerário Temático do Centenário das Aparições de Fátima: 4.° ciclo. Fátima 2013. S. 41-47.
- Cristino, Luciano: As aparições do Anjo em 1915 e 1916, in Itinerário Temático do Centenário das Aparições de Fátima: 1.° ciclo. Fátima 2010, S. 33-43.
- Cristino, Luciano: Fátima, o processo canónico e a República, in António Marujo/Rui Paulo da Cruz: A Senhora de Maio, Todas as Perguntas sobre Fátima, Lissabon 2017, S. 43-51.
- Cristino, Luciano: Quarta aparição de Nossa Senhora nos Valinhos a 19 de agosto de 1917, in Vaz, Carla Abreu (Koord.): Santificados em Cristo: Itinerário Temático do Centenário das Aparições de Fátima: 5.° ciclo. Fátima 2014. S. 49-60.
- Dix, Steffen: As esferas seculares e religiosas na sociedade portuguesa, in Análise Social 194/2010, S. 5-27.
- Espirito Santo, Moíses: Fátima e as reminicências do islão em Portugal, in António Marujo/Rui Paulo da Cruz: A Senhora de Maio, Todas as Perguntas sobre Fátima, Lissabon 2017, S. 159-165.
- Espirito Santo, Moíses: Os Mouros Fatimidas, in Visão História N.°39: Fátima. A construção do fenómeno, 2017, S. 92-93.
- Falcão, Manuel Franco: Enciclopédia Católica Popular, Prior Velho 2004.
- Fernandes, Joaquim: Fenómenos de consciência, in Visão História N.°39: Fátima. A construção do fenómeno, 2017, S. 94-96.
- Ferraz, José Manuel: O desenvolvimento socioeconómico durante a

Primeira República (1910-26), in Análise Social 42-43/1975, S. 454-471.

- Friedrich, Dirk: Chronik der Geschichte Portugals (1096-1986), Bonn 2018.
- Friedrich, Dirk: Portugal und der Erste Weltkrieg. Ein kleines Land im Großen Krieg, Bonn 2017.
- Friedrich, Dirk: Salazars Estado Novo. Vom Leben und Überleben eines autoritären Regimes 1930-1974, Bonn 2016.
- Gaál, Imre von: Maria und der Islam – Spurensuche im Licht des Namens „Fatima", in Manfred Hauke(Hg.): Fatima – 100 Jahre danach, Regensburg 2017, S. 17-40.
- Gomes, João Francisco: A história e o mistério do maior tesouro de Fátima, in Observador (observador.pt), 8. Mai 2017.
- Greschat, Martin (Hg.): Die Geschichte des Christentums Bd. 11. Liberalismus, Industrialisierung, Expansion Europas (1830-1914), Freiburg 1997.
- Hauke, Manfred (Hg.): Fatima – 100 Jahre danach, Regensburg 2017.
- L.A.M.: Um século de Fátima, in Visão História N.° 39: Fátima. A construção do fenómeno, 2017, S. 14-17.
- Leite Ferreira, Marta: Pode a ciência explicar o „milagre do Sol"?, in observador.pt, 13. Mai 2017.
- Lobo, Cláudia: Momento zero, in Visão História N.°39: Fátima. A construção do fenómeno, 2017, S. 25.
- Macedo, José Adílio Barbosa: D. António Barroso, Afonso Costa e a pastoral colectiva, in Lusitania Sacra 6/1994, S. 327-353.
- Marujo, António/Cruz, Rui Paulo da (Hg.): A Senhora de Maio, Todas as Perguntas sobre Fátima, Lissabon 2017.
- Matos Ferreira, António: Der Katholizismus in Portugal (1914-1958), in Die Geschichte des Christentums, Bd. 12, Freiburg 1992, S. 500-515.

- Matos Ferreira, António: Fátima na perspectiva da história do catolicismo romano, in António Marujo/Rui Paulo da Cruz: A Senhora de Maio, Todas as Perguntas sobre Fátima, Lissabon 2017, S. 53-77.
- Meier, Kurt (Hg.): Die Geschichte des Christentums Bd. 12. Erster und Zweiter Weltkrieg, Demokratien und totalitäre Systeme (1914-1958), Freiburg 1992.
- Metzger, Franziska: Die „Schildwache": eine integralistisch- rechtskatholische Zeitung 1912-1945, Freiburg/Schweiz 2000.
- Miranda, Jorge: Sobre a lei de separação do Estado da Igreja de 1911, in http://icjp.pt/content/sobre-lei-de-separacao-do-estado-da-igreja-de-1911
- Natário, Anabela: O sol bailou pouco nos jornais. Fátima nas notícias de há 100 anos, in Expresso (expresso.pt), 13. Mai 2017.
- Neto, Vitor: A questão religiosa na Primeira República portuguesa, in Angela de Castro Gomes/Aldo Mourão (Coordenação): A experiência da Primeira República no Brasil e em Portugal, Rio de Janeiro 2014.
- Neto, Vitor: Lei da Separação do Estado das Igrejas, in Maria Fernanda Rollo (Coordenação Geral): Dicionário de História da I República e do Republicanismo, Vol. II, Lissabon 2014, S. 630-639.
- Pacheco, João: Os turistas peregrinos, in Visão História N.°39: Fátima. A construção do fenómeno, 2017, S. 60-63.
- Pinto, José Madureira: Religiosidade, conservadorismo e apátia política do campesinato em Portugal, in Análise Social 70/1982, S. 107-136.
- Pinto, Sérgio Ribeiro: Política religiosa (da República), in Maria Fernanda Rollo (Coordenação Geral): Dicionário de História da I República e do Republicanismo, Vol III, Lisboa 2014, S. 301-308.
- Queiros, Luís Miguel: Uma aparição setecentista que faz lembrar as de Fátima, in Público (publico.pt), 12. August 2012.
- Ramos, Rui: A Segunda Fundação (=José Mattoso (Hg.): História de Portugal Vol. 6), Lissabon 1994.

- Ramos, Rui: Fátima: 100 anos de uma história mal contada, in Observador (observador.pt), 12. Oktober 2017.
- Ribeiro Ferraz, Luís Miguel: As Aparições de Fátima e o seu impacto local (1917-1927). Leitura histórico-teológica a partir do semanário O Mensageiro, Dissertation Lissabon 2012.
- Rudolf Kirchgrabner: Die Rezeption der Botschaft von Fatima im Lebenswerk von Prof. Dr. Ludwig Fischer, in Manfred Hauke (Hg.): Fatima – 100 Jahre danach, Regensburg 2017, S. 162-172.
- Salema, Isabel: Os ecos da gripe de 1918 não param de crescer, in Público (publico.pt), 27. März 2020
- Salgado de Matos, Luís: Casamento de conveniência, in Visão História N.°39: Fátima. A construção do fenómeno, 2017, S. 54-56.
- Salgado de Matos, Luís: Uma seperação tumultuosa, in Visão História N.°39: Fátima. A construção do fenómeno, 2017, S. 26-29.
- Sardica, José Miguel: 1917, o 'annus horribilis' de Portugal, in Visão História N.°39: Fátima. A construção do fenómeno, 2017, S. 19-24.
- Scheer, Monique: Rosenkranz und Kriegsvisionen: Marienerscheinungskulte im 20. Jahrhundert, Tübingen 2006
- Schmiedl. Joachim: 1917 – Marienverehrung und Politik im Weltkrieg, in Manfred Hauke (Hg.): Fatima – 100 Jahre danach, Regensburg 2017, S. 62-66.
- Schulze, Thies: Antikommunismus als politischer Leitfaden des Vatikans?, in Vierteljahreshefte für Zeitgeschichte 3/2012, S. 353-379.
- Silva, Ricardo: O laicismo contra-ataca, in Visão História N.° 39: Fátima. A construção do fenómeno, 2017, S. 46/47.
- Teixeira Fernandes, António: Fátima e Poder Político na Primeira República, Porto 2013.
- Telo, António José: Sidónio Pais e a Guerra, in Aniceto Afonso/Carlos de Matos Gomes: Portugal e a Grande Guerra 1914-1918, Matosinhos/Lissabon 2010, S. 374-377.

- Torgal, Luís Filipe: Cem anos de equívocos, in Visão História N.°39: Fátima. A construção do fenómeno, 2017, S. 40-45.
- Torgal, Luís Filipe: O sol bailou ao meio dia. A criação de Fátima, Lissabon ²2017.
- Torgal, Luís Filipe: Os depoimentos contraditórios da irmã Lúcia sobre as „aparições de Fátima". In Público (publico.pt), 21. Februar 2005.
- Torgal, Luís Filipe: Senhora do Barral, a gémea enjeitada da Senhora de Fátima, in Observador (observador.pt), 28. Juli 2020.
- Valério, Nuno (Coordenação): Estatísticas Históricas Portuguesas Vol. I, 2001.
- Vieira, Joaquim: Portugal Século XX. Crónica em Imagens, 10 Bde., Lissabon 1999-2001.
- Vieira, Pedro: O mau da fita, in Visão História N.°39: Fátima. A construção do fenómeno, 2017, S. 48-50.
- Visão História N.°39: Fátima. A construção do fenómeno, 2017.
- Wheeler, Douglas L.: História Política de Portugal 1910-1926, Mem Martins 1978, ²2010.

Dank

Mein herzlicher Dank gilt Prof. Dr. Wolfgang Altgeld für die genaue Durchsicht des Manuskripts und viele wichtige Hinweise und Ergänzungsvorschläge ebenso wie für den schon viele Jahre bestehenden freundschaftlichen Kontakt und Austausch über die Grenzen unseres Faches hinaus.

Ebenso großer Dank gilt meiner lieben Tante Agnes und ihren Lissabonner Schwestern für Herzlichkeit, Offenheit und eine unvergessliche Zeit unter demselben Dach.

Und natürlich Ana und Diana, für Freude und Geborgenheit in unserer kleinen Familie.